U0550124

每天的生活，都是靈魂的精心創造

You create your own reality.

每天的生活，都是靈魂的精心創造

You create your own reality.

You create your own reality.

每 天 的 生 活 ， 都 是 靈 魂 的 精 心 創 造

王怡仁作品 20

魔法師養成手冊

——接上內在靈性及智慧，你就能心想事成

作者——王怡仁
總編輯——李佳穎
責任編輯——張郁琦
美術設計——唐壽南
插畫提供——陳俐安
版面構成——黃鳳君
發行人——許添盛
出版發行——賽斯文化事業有限公司
地址——新北市新店區中央七街 26 號 4 樓
電話——22196629
傳真——22193778
郵撥——50044421
版權部——李宜懃
數位出版部——李志峯
行銷業務部——楊婉慈
網路行銷部——高心怡
法律顧問——北辰著作權事務所
印刷——鴻柏印刷事業股份有限公司
總經銷——吳氏圖書股份有限公司
地址——新北市中和區中正路 788-1 號 5 樓
電話——32340036　傳真——32340037
2024 年 9 月 1 日初版一刷
售價新台幣 390 元（缺頁或破損的書，請寄回更換）
有著作權・侵害必究（Printed in Taiwan)
ISBN 978-626-7332-77-1
賽斯文化網站 http://www.sethtaiwan.com

A Guide to Becoming a Wizard :
Obtaining Spiritual Wisdom Makes all Your Wishes Come True

魔法師養成手冊

接上內在靈性及智慧，你就能心想事成

王怡仁◎著

關於賽斯文化

發行人　許添盛醫師

我是個腳踏實地的理想主義者。賽斯文化，是為了推廣賽斯心法及身心靈健康理念而成立的文化事業，希望透過理性與感性層面，召喚出人類心靈的「愛、智慧、內在感官及創造力」，讓每位接觸我們的讀者，具體感受「每天的生活，都是靈魂的精心創造」（You create your own reality）。我們計畫出版符合新時代賽斯精神之書籍、有聲書、影音商品及生活用品，並提攜新進的身心靈作家，致力於賽斯思想及身心靈健康觀念的推廣，期待與大家攜手共創身心靈健康新文明。

魔法師養成手冊
接上內在靈性及智慧，你就能心想事成
A Guide to Becoming a Wizard: Obtaining Spiritual Wisdom Makes all Your Wishes Come True

—目錄—

Part 3

內在感官

Part 4 魔法顯化

〈自序〉一起來成為魔法師

王怡仁

你是否對朋友說過：「這兩天耳朵好癢，不知道是誰在想我？」

你是否也想過：「這幾天眼皮跳不停，不知道有什麼事要發生？」

你會不會認為耳朵癢或眼皮跳都來自心電感應或內在訊息？你想不想更清楚的接收內在訊息？

當你看著《哈利波特》之類的魔法電影時，你會不會想，「如果我也有魔法，魔法棒一揮，內心想要的事物就可以顯化為物質實相，那該有多好？」

如果你有這些想法，恭喜你，你的心中顯然有成為「魔法師」的渴望，那麼，這本書就是屬於你的書。

當你看著魔法電影、電視或小說時，或許你會認為魔法太難了，一定要有特殊的天賦才能學成。然而，讓我告訴你，魔法是每個人都有的潛能，只要有心學習，誰都可以學得會。

我學習賽斯已經大約三十年，在我閱讀賽斯書時，總覺得它根本就是魔法書，書裡處處是魔法，只要熟讀賽斯書，學習賽斯教導的方法，一定能成為魔法師。

這本書就是以賽斯資料為基底寫出來的，我會循序漸進告訴大家魔法的觀念，還會提供四十二個魔法練習，只要照著書中的方法，你一定可以學會。

所謂的「魔法」，就是內在能力的開發，在這個科學掛帥的年代，人們習慣使用手機等科技產品，思想都偏外境思維，幾乎都忘了自己還有內在的層面，真可說是外在與內在的斷裂。

在這本書裡，我會先引導你認識內在，讓你明白心靈蘊藏著轉世、可能的自己，以及更多智慧。

接著，我會讓你知曉，你除了有眼耳鼻舌身等外在感官之外，還有內在視覺、內在聽覺、內在嗅覺、內在味覺、內在觸覺等內在感官，能接收靈感、記憶、心電感應、預知未來等訊息。於你而言，這些訊息往往比外在訊息更重要。我會引導你開發更敏銳的內在感官，讓你更清楚的接收內在訊息。

接著，我還會告訴你，這個世界都源自你的想法，你的物質外境都是從你的意念顯化出來的。我會引導你開發顯化能力，即使沒有魔法棒，你還是可以將內心想要的事物顯化為物質外境。

魔法並不是遙不可及，也不是虛無縹緲的，只要有心學習，你一定可以成為魔法師。當你成為魔法師後，你將發現人際關係越來越好，人生也越來越如意。

聽我這麼說，相信你一定迫不及待想學魔法了吧！那麼，就請你打開這本書，依循書中的方法來練習，一定能成為最快樂的魔法師！

Part 1

你就是魔法師

1 賽斯書就是魔法書

相信很多朋友跟我一樣，看過阿拉丁與神燈巨人的故事後，都會想：「如果有個神燈巨人，可以給我三個願望，讓我美夢成真該有多好。」

若是沒有神燈巨人相助，如果能成為像亞瑟王的梅林、《魔戒》的甘道夫或是哈利波特這樣的魔法師，可以從無生有、化幻為真、點石成金，那就更好了。

然而，魔法師彷彿是天選之人，身為凡夫俗子的我們，真能學會魔法，成為魔法師嗎？

讓我告訴大家，《賽斯書》就是「魔法秘笈」，它能讓你成為魔法師。

我在二十多歲第一次接觸《賽斯書》，在此之前，也認為對一般人來說，魔法是遙不可及的。閱讀之後才驚覺，原來魔法並不是屬於少數人的，只要願意學習，任何人都可以學會魔法，將內心的想望更輕鬆的顯化為外在的物質實相。只要學習賽斯，人人都可以成為魔法師。

那麼，《賽斯書》究竟是一套什麼樣的書呢？賽斯又是何許人也？

賽斯並不是「人」，而是一位「以能量為體性的人格」，也可稱為「高靈」，他透過靈媒珍·羅伯茲，將創造的真理傳遞給了生活在人間的我們。

珍·羅伯茲及其丈夫羅勃·柏茲對於通靈及神祕學有著很深的興趣，他倆試圖經由靈應盤連結靈界，就在一九六三年十二月八日這天，他們連結到了高靈賽斯。

剛開始他們尚以靈應盤跟賽斯連結，後來，珍·羅伯茲發現在靈應盤出現訊息之前，來自賽斯的豐沛訊息就已經流進她的大腦中，於是她不再透過靈應盤跟賽斯通靈，而是直接替賽斯口述，她的丈夫進行記錄，這就是賽斯資料的由來。

從一九六三年開始，直到一九八四年珍去世，在長達二十一年的時間

裡，珍總共為賽斯口授了九百多節的資料，依序完成了《早期課》、《私人課》，以及《靈魂永生》、《個人實相的本質》、《未知的實相》、《心靈的本質》、《個人與群體事件的本質》、《夢、進化與價值完成》、《神奇之道》、與《健康之道》等八部賽斯書。

在通靈的過程中，賽斯稱珍．羅伯茲為「魯柏」、羅勃．柏茲為「約瑟」。為什麼要這麼稱呼他倆呢?因為賽斯可以感知一個人的過去、現在與未來，也就是一個人的「全我」，「魯柏」與「約瑟」代表的即是珍與羅勃的「全我」，也是他倆發展的高峰（「魯柏」與「約瑟」都是男性的名字，雖然珍．羅伯茲今生是女性，但因為「魯柏」代表珍的「全我」，賽斯在通靈的過程中都稱「魯柏」為男性的「他」。本書提到魯柏時，也隨賽斯稱魯柏為「他」）。

賽斯思想的核心是「信念創造實相」，也就是將內在的意念顯化為外在實相，這就是魔法。

為什麼我會這麼推崇賽斯，視《賽斯書》為魔法書呢？因為賽斯非常清楚內在的意念與能量如何顯化為外在的物質實相，將「信念創造實相」這個魔法的觀念講解得非常深入。

此外，賽斯是高靈，不像肉體的人必須使用眼耳鼻舌身等外在感官，使用的是內在感官，他也將內在感官講解得非常清楚。

魔法師必須使用內在感官來接收內在訊息，舉凡心電感應、預知未來、連結高靈及靈魂出體都必須使用內在感官來接收，若是熟讀賽斯書，就會更明白什麼是內在感官，也會更知曉如何開啟並運用內在感官。

本書可以稱為賽斯學派的《魔法師養成手冊》。我會從賽斯資料帶領你看到豐富的內在靈性、開啟內在感官，再告訴你如何將內在的意念顯化為外在實相，讓你擁有飽滿的心靈、能量與美好的外境。

那麼，就請你繼續閱讀本書，並依循書中的教導，成為精通魔法的魔法師。

2 我是魔法師

我是一位心靈老師，長年累月都在講授心靈課程，每每在課程結束後，都會有學員對我說：「老師，可以幫我加持一下嗎？」

學員所謂的「加持」，大多是希望我給他們一段有力量的話語：「你一定會越來越好。」「你已經在翻轉自己了，我相信你的婚姻關係一定會更好。」「你一定會越來越健康。」

很多學員會在課後回饋我：「老師，上了你的課，又得到你的加持，我的人生真的越來越順了。」

對於信任我的學員來說，我的話語就像充滿魔法的力量，有了我的「加持」，他們真的越來越好，也越來越有力量。

話語是一種魔法，是有力量的，能讓人心願成真。然而，我會一再告訴學員，這樣的力量並不需要來自我或其他任何人，而是自己可以給的，那就像對自己施了魔法，讓自己的人生越來越順利如意。

相信很多人都認為若想擁有美好的外境，就得付出更多努力。曾經我也以為，人如果想要創造渴望的外境，必須不斷努力，就像發明大王愛迪生說的「天才是一分的天分加上九十九分的努力」。然而，當我進入身心靈領域，尤其是學習賽斯後，才發現若想創造想要的外境，並不見得完全都要靠努力，而是可以運用魔法，讓創造的過程事半功倍。有意思的是，這樣的魔法是每個人都有的，任何人只要願意開發天賦與潛能，都可以運用魔法，創造自己想要的人生。

所謂的「魔法」，最簡單的定義就是「把內在的想望顯化為外在實相的神奇方法」，賽斯資料就是將魔法介紹得既深入又完整的魔法書。

在我學習運用賽斯的魔法之後，發現身體越來越健康、人際關係越來越和諧、事業也越來越順利。我心裡想要的事物往往都能更容易也更快速的顯化為外在的物質實相，這就是賽斯魔法的魔力。

我讀過市面上許多關於魔法的書，其中介紹的魔法都必須使用物質世界的器物，譬如水晶、寶石等等，有些需要進行儀式才能施用，比如必須用水晶設定結界。很多魔法書會提到各式各樣的咒語，針對不同的創造與辟邪，使用不同的咒語，有些還會提到「魔藥」，當想要轉換意識時，就必須服用特殊的「魔藥」。

賽斯資料跟許多魔法書最大的不同是，不會要求你使用特別的器物、儀式、咒語，更不會要你服用讓人害怕的魔藥。只要學會賽斯的魔法，不論何時何地，都可以施展魔法，美夢成真。

你曾經羨慕亞瑟王的魔法師梅林、《魔戒》的甘道夫，或是哈利波特嗎？你印象中的魔法師是不是都穿著巫師長袍，戴著高高尖尖的巫師帽，手裡拿著魔法棒，還騎著掃把在天空飛？那麼，讓我告訴你，學習賽斯的魔法，怎麼穿都可以，因為你就是魔法師，不需使用魔法棒，因為你的意念就是最強大的魔法棒，也不必騎掃把在天空飛，因為意識可以自然出體，遨遊於不同維度的世界。

你想成為魔法師，開發自己的魔法與天賦潛能，為自己創造更如意的生活嗎？

現在是成為魔法師的第一個練習：

請大聲宣告：

我是魔法師。

我一定能開發我的天賦與潛能，成為最棒的魔法師。

3 什麼是魔法？

《哈利波特》故事中有個設定，就是「魔法師（巫師）」是有血統的，父母若都是魔法師，兒女天生就有魔法師的天賦，學起魔法會更得心應手。而若父母都不是魔法師，兒女沒有魔法血統，若想學魔法將更加辛苦。如果沒有學習魔法，就是不會魔法的「麻瓜」。

因此，很多人都以為學習魔法是少數人的天賦，不過，這可不是實情。魔法的天賦其實是人人都有的，只要有心開發魔法的潛能，每個人都可以成為魔法師。

就像賽斯說的：「魔法（magic）是無所不在的。我對魔法的定義是這個：『魔法是未受阻的自然，或，魔法是未受阻的生命。』」意思就是魔法是每個人都有的天賦，人人在自然狀態下都能擁有魔法的能力。

談起魔法，相信很多人都有一些關於魔法的可怕或恐怖的刻板印象，比如童話故事《白雪公主》中的巫婆壞皇后以黑魔法做成毒蘋果，白雪公主吃了毒蘋果之後即昏迷。《睡美人》中的黑魔女則是以黑魔法詛咒公主，使公主沉睡多年。

或許就是因為魔法給人的印象太可怕，魔法的施行者是巫師，中世紀的人們因此談「女巫」色變，當時的人曾展開獵捕女巫的行動，還發生了「歐洲女巫大審判」的暴行。

然而，魔法真的這麼可怕嗎？讓我告訴大家，魔法並不可怕，人們之所以覺得魔法可怕，大多是因為不明白魔法是什麼，於是在想像力中，將魔法想成可以讓人沉睡不醒、把人變成騾子、讓人瘋癲發狂的害人法術。

我常覺得這樣的想像就像武俠劇中的武林高手，可以用輕功在天上飛來飛去，或是隔空發一掌就能把人打到十公尺外一樣，想像過度，就成了荒誕不

羈。而若是負面的想像過度，就成了恐怖駭人。

如果真實認識魔法，你就會明白，魔法不但不可怕，還能幫助你開啟智慧、豐富經驗以及顯化更多內在的想望。

因此，歡迎你來學魔法，創造更豐富精彩的人生。

魔法的世界是很繽紛的，在多采多姿的魔法世界中，有三個魔法的基本功能：

1. 接收來自其他維度（世界）的訊息。
2. 切換意識，進入其他維度（世界）。
3. 將內在的想法顯化為外在實相。

看過這三個魔法的功能後，你的腦中可能會浮現一些想法或畫面。以第一個「接收來自其他維度的訊息」來說，有些人可能會聯想到有陰陽眼，可以用肉眼看到神佛、鬼怪或妖精，就像電影《倩女幽魂》中的書生甯采臣，來到荒郊野外的蘭若寺，見到美若天仙的女鬼聶小倩。

至於「切換意識，進入其他維度」，有些人可能會聯想到《蜘蛛人3：無家日》、《奇異博士2：失控多重宇宙》、《閃電俠》等電影，人可以用肉體穿越不同的宇宙，見到不同的世界，甚至見到平行時空的自己。

如果你也是這樣想的，那我要告訴你，你被物質世界的思維局限了，因而用局限的肉體思維來想像魔法。你認為「你」就是肉體的你，你的「五官」就是眼耳鼻舌身，你的「意識」就是大腦中的想法。如果想學習魔法，就必須先打破這個局限的思維。

肉體的你只是完全的你的一部分；除了外在的五官之外，你還有內在感官；除了頭腦的意識之外，你還有潛意識及更深層的內在意識。你可以用內在感官接收其他維度的訊息，也可以用內在意識進入其他維度。

只要開始學習魔法，就會發現，你並不只是你原本以為的自己，真正的你

是更大版本的自己，有著許多尚未開發的潛能。

現在是成為魔法師的第二個練習：

請大聲宣告：

我是魔法師。

我不只是肉體的我，也不只有頭腦中的意識。我有內在感官，也有內在意識。

我能以內在感官接收其他維度的訊息，也能以內在意識進入其他維度。

4 你的本質是靈魂

如果你以為你只是肉體的你、你的意識只是自己頭腦中的想法，你就太小看自己了。

肉體的你只是完整的你的一部分，完整的你是你的「全我」，通俗一點的說法是「靈魂」。你的全我，也就是你的靈魂，包含了你的肉體及你頭腦的想法。

如果你想學會魔法，就必須明白你不只是你的肉體，真正的你是你的全我（靈魂）。

賽斯是高靈，以靈魂的狀態存在，他說自己是「沒有肉體的人格」，或「以能量為體性的人格」。所謂「以能量為體性的人格」即是靈魂，是由意識

與能量組成的。

如果你習慣肉體的你，可以想像靈魂的自己嗎？

肉體的你以皮膚為界線，以眼耳鼻舌身等五官來感知外境，以大腦的思想來定義、思考及改變外境。如果只以肉體的角度來思考，會認為人與人、人與事物之間都是壁壘分明的。比如你跟家人是獨立的個體，你碰觸家人的身體、跟家人談話，是以肢體或言語來連結彼此。若是沒有肢體或言語的連結，你們就是彼此分開，毫無連結的兩個個體。

你或許還會以為思想是你頭腦中的想法，只會在自己的大腦中打轉。你也會認為你跟事物之間是壁壘分明的，比如你的眼前有個杯子，如果拿起了杯子，你就跟杯子產生了連結。而若是沒有拿起杯子，你是你、杯子是杯子，兩不相干。

若只用肉體來思考，你彷彿就是封閉在皮膚內的一個人，會認為自己跟他人或其他事物必須藉由身體碰觸或言語交談才會產生連結。

而若你改從靈魂的觀點來思考，就會發現，你是一團能量，能量形成了你的肉體，但肉體並沒有封鎖住你的能量。你的意念會引導能量，你總是以能量與他人及其他事物連結。

就像賽斯說的：「皮膚的外層真有一道薄薄的邊界，它的封閉程度不比開放程度來得大。」意思就是，皮膚是封鎖不住靈魂的能量的。

賽斯還說：「一個個人或一個自己無法對別人隱藏它自己的基本意圖。意圖是他的，可是，雖然他擁有它，還是阻止不了別人意識到它。」意思就是，思想並不是封閉在大腦中的，腦殼從來封鎖不住思想。

如果能以靈魂的角度來看自己，你就會明白，思想有其能量，當你想起某個人時，你的想法會形成能量，逸出你的大腦，跟對方連結。即使你們之間沒有肢體或言語的接觸，彼此還是能經由能量互相連結。

想法是你跟他人之間的橋樑，你會以想法跟他人連結，當你想起一個人時，不論你是喜歡他、討厭他、祝福他、詛咒他、想念他或排斥他，他都能感

應到你的想法，你跟他之間以意念的能量互相連結。

你也會以思想及能量與事物連結，比如你看著一個杯子，即使只是看著那個杯子，或是想起那個杯子，你的想法還是會逸出大腦，跟那個杯子產生連結。

如果你想成為魔法師，就必須以靈魂的角度來看自己。若是你曾經以為你只是一個肉體的人、跟他人或其他事物是壁壘分明的、你的思想只是大腦中的想法，那麼，就必須改變觀念，翻轉想法。請你告訴自己：「我的本質是靈魂，我的能量從來不會局限肉體，我可以用意念跟他人及其他事物相連結。」這樣的認知將能讓你更能運用意念的力量。

現在是成為魔法師的第三個練習：

請大聲宣告：

我的本質是靈魂。
我的意念與能量並沒被局限在我的身體裡。
我可以用意念與能量跟他人連結，並與他人互相影響。

5 你有呼風喚雨的魔法

自古以來，每當天氣久旱不雨，許多原始部落都會由巫師帶領跳「祈雨舞」，期望天地神明被人們祈雨的赤誠感動，下一場甘霖。

而在古代中國，每當天氣大旱，或有地震、水災等嚴重的災變時，皇帝往往都會下罪己詔，也就是告訴老天爺，都是我這皇帝做得不夠好，才會引起老天爺降下怪異的天象或災變，我會好好反省與檢討，也期望老天爺可以下一場大雨來解除旱象，讓神州大地的收成更豐饒。

不論是祈雨舞或皇帝下罪己詔，顯然自古以來人們都認為天氣是與人心緊密相連的。他們認為是人們的德行不良，惡行太多，才會招致天地神明的震怒，降下旱災、地震等天災來懲罰世人。

對於古人的想法，許多現代具有科學觀念的人，可能會認為是無稽之談，荒謬之極，天氣怎會跟人有關係呢？

從靈魂的觀點來看，古人的想法有部分是對的，天氣確實與人心相應。不過，也有部分是不對的，因為天氣並不是天地神明用來懲罰世人的工具，神明可不會因為一時暴怒，就降下一場豪雨、一次旱災或一場大地震來讓世人痛苦。

人跟天氣的真正關係是，人的能量會影響天氣。關於人與天氣的關係，賽斯是這麼說的：「天氣影響你們的心情，正如你們的心情影響天氣。」「你們的天氣可以比作結構鬆散、大半未被建構的能量」。而「情緒和心靈能量從自己溢出，流入通常被認為的非自己之內；而持續不斷的效應發生，能量以這種方式來回流動」。意思是，人的情感會形成情感能量，情感能量流進了大氣中，造成下雨、旱災、地震。然而，不只人的情感能量會影響天氣，天氣也會影響人的情感能量，當人以情感能量創造出一場暴風雨後，又會從暴風雨中感

受到情感的充電。

日本有個有趣的說法，即戲稱某些人為「晴男」、「晴女」、「雨男」、「雨女」。所謂的「晴男」、「晴女」，就是只要他（她）出門即是大晴天，即使原本是下雨天，也會因他（她）的出現而雨過天晴。因此，若希望出遊時有好天氣，就要邀「晴男」、「晴女」同行。

而所謂的「雨男」、「雨女」，就是只要他（她）出門必定下雨，即使原本是大晴天，也會因他（她）的出現而下起雨來。因此，若是你希望出遊時有好天氣，就千萬別邀「雨男」、「雨女」同行。

「晴男」、「晴女」、「雨男」、「雨女」的說法很有趣，卻也不是無稽之談，因為人跟天氣是緊密相連的，人的情緒能量總是跟天氣互相影響。

在中國民間的傳說中，許多法師道士都能呼風喚雨，比如《三國演義》的諸葛亮為了在赤壁之戰火攻曹操，築起七星壇登壇作法，改變天象，颳起東南風。就在諸葛亮以魔法「借東風」之後，劉備與孫權打敗了曹操，並成功三分天下。可見古人深信魔法師是可以改變天氣的。

如果你想成為魔法師，請相信，你跟天氣是緊密連結的，你的意念與情緒能量可以改變天氣，你有呼風喚雨、改變天氣的魔法。天氣也會影響你，你可以在風雨來襲時感受風雨，並將多餘的負面能量釋放到天氣中，或許就能在一場風雨之後心靈更寧靜。

現在是成為魔法師的第四個練習：

請大聲宣告：

我的本質是靈魂，我的能量跟天氣是緊密相連的。

我相信我的意念與能量可以影響與改變天氣。

我也相信天氣能洗滌我的負面能量，讓我的心靈更平安。

Part 2

多采多姿的內在世界

6 外在自我與內在自我

你的本質是全我，也就是靈魂。全我意識包含外在自我與內在自我，這兩個部分都是你，但又不是同一個你，兩者以潛意識相連，並不完全分隔。外在自我就是大腦的想法，也是面對物質世界的意識，內在自我則是面對內在世界的意識。

賽斯說：「自己這個單位是由主導整個能量場的內在自我組織起來的。外在自我指揮這個完形在物質宇宙中的操縱。外在自我與物質屬性的關係更緊密，但它能夠透過調整自己配合內我而改變焦點，用內在而非外在感官來聚焦能量，而直接體驗內在實相。」意思是，外在自我原本是對焦在物質世界的，但也可以轉而對焦內在，並汲取內在的智慧與能量，這也就是魔法的由來。

前面提過，魔法有三個基本功能：1. 接收來自其他維度（世界）的訊息。2. 切換意識，進入其他維度（世界）。3. 將內在的想法顯化為外在實相。

這三個功能都有賴外在自我與內在自我的互相連結。魔法來自內在自我，若想開啟魔法，就必須認識它、開發它的潛力。內在自我的能力得到發展後，外在自我再與其連結，獲得內在自我的訊息，並從它汲取能量，將意念顯化為物質實相，這就是魔法的顯化。

下面這張表格簡略說明兩者的不同。你可以用夢中的自己來想像內在自我（但夢中的自己只是內在自我的一部分），醒時的自己則是外在自我。

	外在自我	內在自我
時間	時間是從過去、現在到未來的線性過程，過去的已經過去，未來還沒出現。	過去、現在、未來同時存在，這就是「廣闊的現在」。人可以從現在改變未來，也可以從現在改變過去。

空間	必須經由走路或交通工具才能在空間中移動。	可以順隨意念來移動，瞬間移動千里之遠。
感官	以眼耳鼻舌身五官來感知外境。	以內在感官來感知內在世界。
意念的傳達	以語言、文字、肢體語言等方式與他人達成溝通。	以心電感應感知他人的訊息，再傳遞給外在自我。
預知未來	遵循線性時間，難以感知未來。	可以從當下感知未來。
訊息的獲得	經由讀書、上網、上課、與人交談等方式獲得訊息。	可以連結轉世、可能的自己及存有，獲得訊息。也可能與高靈連結，獲得智慧的訊息。
出體	只能在肉體之內運作，不會出體。	可以出體，前往遠處或異次元空間。
外境的顯化	難以理解遇到的人與事是怎麼出現的，往往會歸因於機率或無形力量的安排。	明白遇到的人與事都是內在意念的顯化，經由暗示、預期或祈禱，可以把內在的想望顯化為外在的實相。

魔法來自內在自我，唯有認識並開發內在自我的能力，才能成為使用魔法的魔法師。

現在是成為魔法師的第五個練習：

請大聲宣告：

我明白內在自我與外在自我的不同。

我下定決心，開發內在自我的潛能。

7 你不只是你

如果你以為你只是肉體的你、你的意識只是頭腦中的想法、生活的世界只有物質世界，那麼，你對自己及物質世界或許會有刻板的認知。比如你會以物質世界的角度來看時間，認為所謂的時間就是從過去、現在、未來不斷前進的過程，過去的時光永不回頭，未來則是茫然不可知。

你會認為過去發生的事是不可轉圜的，因為那已經發生了，也會認為未來還沒到來，一切都是未知數。如果你的個性容易煩惱、焦慮，還會擔心未來會變老、生病、失去家人朋友。

你還可能以為物質世界就是唯一的世界，認為只有肉體五官看得見、摸得著的人與物才是真的，那些靈、鬼、神、無形的事物都是虛妄不存在的。

這些物質思維是許多人對物質世界的「基本假設」。如果你是這樣想，就是在用物質的觀點看自己與物質世界，以為肉體的你是唯一的你，但其實肉體的你只是你的一部分。如果你以為自己只有外在自我，就是從來沒有完全認識自己。

即使你不認識內在自我，你的意識仍然常常從外在自我轉換成內在自我，比如做夢的你就是內在自我。當你做夢時，會以為是醒時的自己進入夢中，做了一場夢，但其實做夢的你就是你的內在自我。醒時的你是你的外在自我，內在自我與外在自我都是你。

比如我在醫院工作時，有位女醫師告訴我：「昨天值班，忙到晚上一點多才回值班室睡覺。當我快入睡時，在半夢半醒之間，忽然看到一個面目猙獰的彪形大漢在我床邊，對我說：『這是我的床，如果妳要在這裡睡，請妳睡進去一點，我也要在這裡睡。』

「我看他的形貌，知道他是鬼，於是問他：『我剛剛進來時明明有關門，

你是怎麼進來的？』

「他回我：『剛才妳進門時，我就尾隨妳進來了。』

「雖然我知道他是鬼，但那時實在太睏了，於是往內靠了靠，而後他躺在我旁邊，我也就沉沉睡著了。」

我問這位女醫師：「妳當時知道他是鬼，那麼，妳會害怕嗎？」她回我：「當時完全不怕，但醒來後越想越毛，以後再也不敢去那間有鬼的值班室了。」

為什麼這位女醫師在將睡未睡時看到鬼毫不害怕，還能跟鬼同床共眠，醒來後卻越想越怕呢？

因為將睡未睡的她並不是醒時的她，是內在自我，認為看到鬼沒什麼，還可以跟鬼自然交談；醒時的她則是外在自我，認為看到鬼是可怕的。外在自我與內在自我都是她，但外在自我並不是內在自我。

魔法主要就是來自於內在自我。如果你想成為魔法師，開啟魔法力，就要明白，你除了外在自我，還有內在自我。當你明白了這一點，將可以開發內在自我的能力，啟動魔法。

現在是成為魔法師的第六個練習：

請大聲宣告：

我既有外在自我，也有內在自我。

我會了解我的內在自我，並開發內在自我的魔法能力，成為最能創造美好生活的魔法師。

8 認識轉世

追求豐富的人生經驗是大多數人的內在渴望，若想擁有豐富的人生經驗，一輩子顯然是不夠的。

還好，人並不是只活一輩子，每個人都會輪迴轉世，在不同的時代，以不同的性別、角色與性格體驗更多面向的自己。

那麼，一個人究竟要轉世幾次呢？賽斯說每個人轉世的次數都不同，但至少都必須有兩次以上的轉世。轉世中必須經歷父親、母親與小孩三種角色，這三種角色至少需要兩次以上的轉世，因此兩世就是每個人最基本的轉世次數。

生而為人，你比較喜歡哪一種性別呢？喜歡當男人、還是當女人？

賽斯說輪迴轉世的原則是必須曾經生為男人，也曾經生為女人。如果一個人累世都是男人，他將隨著屢次的轉世而越來越像女人一樣尖酸刻薄，卻不會有女人的溫柔與慈悲；反之，若是一個人累生都是女人，她將隨著不斷轉世而越來越像男人一樣粗暴嚴厲，卻又沒有男人的陽剛力量。

男人與女人不只是DNA不同，基本性格也是不一樣的，有句話說「男人來自火星，女人來自金星」，就是在說男女的不同。有些人認為男人較為理智，女人較為直覺、情緒化，這就是性別面向的不同。一個人若是想要完整經歷自己的內在面向，就必須曾經生為男人，也曾經生為女人，這樣理性與直覺、陽剛與陰柔才能在轉世中都得到更完全的發展。

在輪迴轉世中，經歷了什麼外境固然很重要，但比起外境，更重要的是經驗自己。

所謂的經驗自己，就是在你經驗外境時，你的想法、情緒、反應是什麼？當性格面向不同時，想法、情緒與反應也都不一樣。為了展現人格的不同面向，才必須在轉世中經歷男性與女性、小孩、成人、老年，以及父親、母親、兒子、女兒等關係角色。一個人會以不同的人格面向，經驗不同的人生，經由累次的轉世，經驗將更完整、圓融，也將更認識多面向的自己。

曾聽有些夫妻或情侶說：「我上輩子不知欠了他（她）多少債，這輩子才會嫁給他（娶到她），受他（她）折磨。」也有些人在親子關係裡會問：「我這孩子不知是來報恩還是報仇的？」還有許多人會說：「真想問問通靈師父，我跟某某人上輩子究竟是什麼關係？」

在輪迴轉世裡，上輩子有關係的親朋好友真的會「相揪」一起轉世，再繼續建立這輩子的關係嗎？

賽斯說的確如此，前世有關係的人很可能今生會再相約前來轉世，不過，彼此的性別、身分與角色都可能轉變，比如前世的父女今生可能轉世為夫妻，前世的兄弟今生可能轉世為母女，就像俗話說的「女兒是爸爸前世的情人」。

因此賽斯說，身為妻子的妳，如果在先生身邊時，感覺自己像是他的媽媽、情人或女兒，或者身為先生的你，在妻子身邊時，感覺自己對待妻子的感覺更像是父親對女兒，那麼，你們就可能有著前世的情感糾葛或牽絆。

曾聽一位三十多歲的女性朋友說起她的婚姻：「我跟先生結婚三年多，我在某電子公司上班，先生小我兩歲，他開了一間滷味加盟店，生意很差，月月賠錢。

「先生婚前就買了房子，婚後房子仍在他名下，我把婚前存的錢全都給他繳房貸。現在他幾乎都沒賺錢，我不只負擔我跟他的生活費，還必須每個月幫他繳房貸，但我總是相信先生一定有飛黃騰達的一天。」

有位朋友聽聞這位女性朋友的故事，笑著說：「妳好有母愛，好寵妳先生喔！妳對待先生好像媽媽在寵兒子。」

這樣的說法跟賽斯的說法有異曲同工之妙，或許這對夫妻前世真的是母子關係。

轉世是真實存在的，如果你想成為魔法師，就請你相信人人都會轉世。

現在是成為魔法師的第七個練習：

請大聲宣告：

我相信轉世是真實的。

我一定能從過去世汲取經驗與智慧。

9 在轉世中經驗不同的自己

很多人都相信輪迴轉世是存在的，不過，許多人都有所誤解，以為輪迴轉世涉及因果報應與業障。比如，今生殺某人一刀，就帶著殺他一刀的業障輪迴轉世，於是下輩子就得被他殺一刀。然而，因果報應與業障並不是輪迴轉世的實情。

輪迴轉世可不是為了冤冤相報（或恩恩相報）存在的。俗話說得好「冤冤相報何時了」，轉世如果是為了冤冤相報，人跟人之見的帳永遠算不清，轉世豈不是無窮無盡？

轉世的真相是為了提升自己的智慧，因此，人必須在轉世中改變人格面向，有時生為男性、有時生為女性。每一世的性格也都不盡相同，所謂的性格

不同，就是遇到外在事件時的想法、情緒與反應不同，因為性格不同，人才能經歷更多面向的自己，也才能讓自己更圓融。

以約瑟為例，在與法蘭克通靈時，法蘭克曾說約瑟的性格「太孤立」，也就是說他因為性格冷漠而對人缺乏同情心，而他之所以會在此生過於孤立，是因為上一世的他太入世，此生因此以完全相反的面向體驗人生。

賽斯說，約瑟的前世或許是個「路見不平，拔刀相助」的人，對人很熱情，總是急人危難，把別人的事當自己的事來幫忙，但可能因此受到挫折，於是心想，何不當個「自掃門前雪」的人就好，幫別人的忙還惹得自己一身腥，得不償失，於是今生的他就轉換性格，成為一個「太孤立」的人。

轉世到下一生後，前世並不是化成一道輕煙，船過水無痕，而是會存留在內在自我中，外在自我與內在自我會經由潛意識互相連結，因此人們多多少少都會保存著前世記憶。今生的約瑟性格較孤僻、冷漠，但若有朋友需要他幫忙，或許他心裡會有股莫名想要出手相助的想法，雖然這想法可能一閃而過，他還是維持一貫的冷漠孤立，但或許他就是在一剎那間連結上了前世。

經過熱情的一世與孤立的一世，約瑟的不同面向都得到發展，他的靈魂就會有更圓融的整合，智慧也將更揚昇。

雖然輪迴轉世不涉及因果報應與業障，但人的某些情愫確實可能使一個人在輪迴轉世中產生糾葛，尤其是自認對他人有負欠的人，可能會經由轉世設法償還對方。

比如曾有位女士蘇．穆林問賽斯她的轉世因緣，賽斯說蘇的上一世是個女性，某天她的叔父駕馬車載她前往音樂會，途中她對馬發脾氣，導致馬驚恐，叔父墜馬而亡。

叔父在今生轉世成她兒子，儘管叔父並沒怪罪她，今生的她仍帶著害死叔父的罪惡感。

蘇今生的先生是她上一世的姊姊，她上一世跟叔叔也很要好，因此今生轉世成男人，與蘇結婚，再把轉世的叔叔生下來，兩人一起讓叔叔回到人間。

蘇的轉世因緣就是她認為自己害死了叔父，無法釋懷的罪惡感讓她與叔父相約到今生投胎，成為一對母子。這樣的轉世糾葛可不是誰跟誰相欠債，更不是今生你殺我一刀，下輩子就得還我一刀的因果報應，而是要在轉世中學會認識自己，並釋放自己的罪惡感。

賽斯說強烈的愛與恨都會讓兩個人相約到來世，尤其是強烈的恨更可能讓兩個人情牽到下輩子，他說：「如果你恨別人，只要你讓那恨在你心中燃燒多少輩子，那恨就可以把你跟他綁在一起多少輩子。」這也像俗話說的：「我愛你，就算到天涯海角，我也會追到你。」「我恨你，就算你化成了灰，我也記得你。」強烈的情感可能會讓兩人糾纏到下一世。

因為愛與恨而一起轉世到下一生並不是懲罰，而是要讓人經由轉世更認識自己，面對自己內心的愛與恨。

在累世的轉世輪迴中，前世從未消失，每一世都存留在你的內在自我中。如果你想成為魔法師，就必須更全面的認識自己，明白自己曾經歷轉世，並連結前世的自己。

現在是成為魔法師的第八個練習：

請大聲宣告：

我相信我的前世就在我的內在自我中。

我曾經以不同的性格經歷轉世，前世的愛與恨也可能延續到今生。我會連結到自己的前世，並認識更完全的自己。

10 開啟你的轉世天賦

賽斯曾經談過一個轉世的故事。約翰因為妻子佩吉罹患重病，向賽斯問起佩吉的病。

賽斯說佩吉過去某一世是義大利某個小山村的男子，妻子早逝，獨力撫養殘廢的女兒多年。他對女兒很不滿，照顧她時不太友善。他想再婚，但沒有女人願意嫁給有孩子的男人。

女兒三十三歲那年，有個年輕鰥夫愛上了她，後來帶著她遠走高飛。父親痛徹心肺，他恨女兒，一是因為女兒離開得太晚，沒有女人願意嫁給他這個老頭子，二是因為在照顧女兒多年後，女兒竟在他老年時遺棄了他。

這位父親在這一世轉世成佩吉，前世的他不理解殘障女兒的情況與心理，因此今生選擇罹患重病，從照顧者變成被照顧者，藉此更明白被照顧者的心情。

約翰則是那位帶著女兒離開的男人的轉世，佩吉的前世（也就是那位父親）恨這個男人，今生的他倆藉由夫妻好好重修關係。

前文說過，輪迴轉世並不涉及因果報應與業報，而是為了讓自己體驗更多面向的自己。

賽斯曾說過幾則轉世原則：1. 如果你恨父母，在生生世世的轉世中，你就很可能被吸引而投胎到可以為你所「恨」的父母家裡；2. 若是你恨疾病，你也可能在來世罹患重大疾病；3. 如果你恨女人，下一世的你可能會轉世為女人，這樣才能體驗身為女人的感覺，並且以女人的角度去面對內在信念中反對女人的態度；4. 若是你對病人沒有同情心，下一生的你或許會帶著重病出生，並體驗身染重病的過程。

佩吉的轉世故事就像賽斯說的，前世的佩吉無法同理重病的女兒，今生因

此罹患重病，這麼一來，就更能理解重病者的想法與心情。

這樣的轉世原則並不涉及懲罰，而是要經由輪迴轉世的創造與體驗，讓人經驗更多面向的自己，並開啟慈悲心。

轉世除了可以讓人經驗更多面相的自己之外，累世的學習也都會儲存在轉世經驗中，成為今生的天賦。因此，一個人只要認真對待人生，在不斷的輪迴轉世裡，智慧一定會越來越揚昇。

出版《賽斯書》的普林提斯霍爾出版社的編輯譚·摩斯曼曾參與賽斯課程，賽斯說譚有個前世是修道院的僧侶，對各式各樣的種子進行分類和收集，並研究種子和植物的遺傳過程。今生的譚也在研究人類的人格體中，那些「非正統」種子（非物質系統的意識）的本質與組成方式。因為前世的學習，譚今生頗有天賦，賽斯說譚若能善盡其才智，必將在事業上有很好的發展。

魯柏跟賽斯通靈也是如此，閱讀《賽斯書》時，我們會感覺魯柏通靈時的話語非常流暢。然而，魯柏的通靈並不是今生才開始的，他上輩子就曾跟賽斯通靈，因此有著通靈的天賦。經過累世的學習，魯柏的通靈技巧越來越成熟，我們因此才能讀到這麼好的《賽斯書》。

累世的學習會讓人越來越有智慧，而許多第一次來到人間的人格智慧都比較不成熟，也較容易傷害別人。

約瑟常對報載政治人物貪汙或空汙等人類自我毀滅行為感到憤怒，賽斯勸他別生氣，他說會做出自私自利或危害人類行為的人，幾乎都是對物質世界沒有經驗，初次來到地球的人格，他們以自我來處事，因而造成了人類社會的危機。

不過，賽斯也說，物質世界並不是只有這些會破壞人類社會的人，還有許多乘願而來最後一世的轉世者，他們會傳播智慧，改變人們的觀念，這些人可說是物質世界的守護者。

每個人都必須在每一生好好學習、體驗，這是整體人格更有智慧的基礎，也是在為下一生奠基。過去世的學習都保存在內在自我中，只要願意連結內在自我，前世的學習就是今生的天賦，每個人都可以因與生俱來的天賦而在今生有更好的發展。

如果你想成為魔法師，就必須善用前世累積的智慧並開啟來自前世的天賦。

現在是成為魔法師的第九個練習：

請大聲宣告：

我相信我的前世就在我的內在自我中。

因為前世的學習，我有著與生俱來的天賦。當我需要前世的智慧時，只要連結內在自我，前世的智慧就會自然的流進我。

11 連結可能的自己

一生的經驗是不夠的，因此人必須經由輪迴轉世，經歷更多面向的自己。不過，輪迴轉世還是不夠，因此靈魂會再分出平行宇宙中「可能的自己」，經驗更多不同的面向。

賽斯解釋人的靈魂（本體）會分出多個人格，也就是多個可能的自己。他比喻本體就像一棟有很多房間的巨大建築物，每間房間都有獨一無二的實相系統，所有房間共享公用的通道、地下室和頂樓。建築物中的居住者與居住者之間可以互相交流，但大多數居住者都專注在自己的房間，幾乎不會意識到建築物中還有其他人存在。居住者可能會在夢中走出房間，跟其他居住者相會，但醒來後就記不得了。

這些居住者就像是從同一個本體分出來的不同人格，也就是可能的自己。若是你可以從房間走出來站在某條通道，從通道的觀點看你自己及你的環境，就會看見可能的自己，也將因此更清楚人格的全貌。

賽斯說可以自己一個人從通道看全局，而若是能跟另一位可能的自己一起來看整棟建築物更好。比如約瑟在另一個系統有一個可能的自己是皮特拉醫師（Dr. Pietra），皮特拉正在將藝術融入醫療，進行繪畫治療，他會幫助約瑟在繪畫中使用療癒能量。約瑟跟皮特拉有時會在夢中相會，賽斯建議約瑟一定要找到皮特拉，也要引導皮特拉來找他，與皮特拉相會將使約瑟的意識更擴展。

皮特拉就是約瑟可能的自己，或許是約瑟的內心也渴望成為醫師，但此生的他並沒有投入醫療行業，內心的熾熱渴望形成意識能量，因而創造出平行宇宙可能的自己，皮特拉醫師。

皮特拉醫師跟約瑟一樣，都對繪畫有著熱情，皮特拉的主業是醫療，約瑟則是視傳播賽斯思想為終身志業。約瑟跟魯柏有二十多年的時間都在進行跟賽斯的通靈工作，魯柏通靈、約瑟整理通靈所得的賽斯資料，因為賽斯資料極為龐大，一直到魯柏過世，約瑟的整理工作仍持續進行。

皮特拉將繪畫融入醫療，約瑟則是將繪畫與靈性工作結合。約瑟有很多畫作都是心電感應的作品，目前大家熟知的賽斯圖像就是出自約瑟之手，那是約瑟的心靈影像。

約瑟跟皮特拉在平行宇宙中各自發展，兩人會在夢中或出體時互相交流。他倆都熱愛繪畫，但主業大相逕庭，繪畫的思維也因此大不相同。經由想法的互相交流，兩人都將從可能的自己得到許多靈感。

約瑟可能的自己並不是只有一位皮特拉醫師，賽斯曾對他說：「你的『運動員自己』從沒有被賦與像你的畫畫或寫作的自己同樣的那種力量，他變成從屬的，卻在那兒以備汲取，透過你的運動而得到快樂，而把他的活力加給了『主要的』你人格。」

意思就是，約瑟還有一個可能的自己是運動員。在這個物質世界，約瑟的

生活可說非常忙碌，日常的運動大多是到居家附近散散步或做些簡單的運動。不過，他的內心或許對運動員充滿了憧憬，尤其是在看球賽轉播時，也許常常想著自己是個馳騁在運動場的傑出運動員。熾熱的渴望投射成他在平行宇宙那位可能的自己，當運動員自己運動時，約瑟會跟他感應，因而更有活力，約瑟運動時，運動員也會感應到約瑟的活力而更快樂。

每個人都有許多可能的自己。你有未竟的夢想嗎？在你認真工作時，會不會想起小時候熱愛畫畫的自己，也曾有當畫家的夢想？當你聽著音樂會時，會不會想像曾經學過鋼琴的自己，也正在表演廳演奏？

若是你對夢想仍有憧憬，或許你的意念就會投射出另一個平行宇宙，以及平行宇宙中可能的自己。可能的自己會走上自己的人生道路，會跟你在各自的世界中各自發展，然而，你們仍會在夢中交流，你會把你的智慧傳遞給他，他也會把他的智慧傳遞給你，你倆都將因此而有更豐富的經驗與智慧。

如果你想成為魔法師，就要相信你有可能的自己。

現在是成為魔法師的第十個練習：

請大聲宣告：

我相信我的靈魂中有無數可能的自己。

我可以跟可能的自己互相交流，當我需要可能的自己的經驗與智慧時，他就會將經驗與智慧傳遞給我。

12 廣闊的現在

如果你總是用外在自我，也就是肉體的角度思考，就會認為時間是從過去、現在到未來的線性過程。過去已經發生的事，不能改變也沒有轉圜的餘地，未來還未發生的事，則是茫然未可知。

我常聽人談起過去的事，比如有位四十多歲的男性朋友說：「我小學三年級時，有位同學帶了一個公仔來學校。上過體育課後，公仔不見了，他跟老師說是我偷的，老師竟信了他的話，要我交出公仔，不然就要通知家長。我根本沒偷他的公仔，被誣賴是小偷，讓我又委屈又憤怒。

「後來其他同學發現那個公仔掉在籃球場，老師知道後，也沒跟我道歉，只說不是你偷的就好，做人要老實。

「每次想起這件事我就恨，也是因為那件事，這幾十年來，只要有人冤枉我，都會觸動我的記憶，讓我恨上加恨。」

再比如有位四十多歲的女性告訴我：「三年多前，我在某公司任職大約半年多，有天工作時從椅子上掉下來，跌斷了腿。

「在我受傷時，老闆要我到醫院好好治療，別掛心工作。我開完刀，還在住院時，老闆來看我。我說這是工傷，公司應該會幫我負擔醫藥費吧？沒想到老闆竟拿出一張紙，跟我說公司已經幫我辦好離職手續，這是離職單，請我簽名。

「原來老闆不只不幫我付醫藥費，還逼我離職。我火冒三丈，但剛開完刀，無力跟老闆爭辯，我還是簽了名，也就離職了。

「這三年多來，每次想到這件事，就讓我覺得又委屈又憤怒。很多朋友都勸我向勞工局檢舉，但我實在不想再跟老闆糾葛了。雖然我離職了，但只要想到這個可惡的老闆，我就有氣。」

這兩位朋友顯然都是因為過去而憤怒，於他們而言，過去已經過去了，生氣歸生氣，委屈歸委屈，卻也無法再改變什麼。

然而，實情真是如此嗎？過去真的無法改變嗎？

如果想改變過去，就要明白內在自我的時間跟外在自我的時間是不同的。關於內在自我的時間，賽斯說那是過去、現在、未來同時存在的「廣闊的現在」。所謂的「廣闊的現在」，就好比你走進一片樹林，看見許多樹，你稱眼前那棵樹為未來，背後那棵樹為過去，然而，過去、現在與未來都同時存在於當下的樹林裡，這片樹林即是廣闊的現在。林林總總的意識就像是樹林中的樹，在廣闊的現在中，意識並沒有先來後到，而是同時存在的。

外在自我是面對物質世界的思維，內在自我則是面對內在的思維。過去已經是記憶，同時也是屬於內在自我的，因此，過去並不只是過去，而是「與現在同時存在的過去」，也就是「廣闊現在中的過去」，可以說過去就是現在。當你想著過去時，你會因為「現在」想起過去的事而憤怒或喜樂，可知過去就是現在。

如果你現在正在記憶中回想過去，那並不是「過去的你在經歷過去」，而是「現在的你在經歷記憶中的過去」，這就像賽斯說的：「從事件發生的那一剎那起，它就開始改變，被所有那些和此事件有關的其他成分所滲入，而它又進一步被接下去的每一個事件造成細微的改變。於是，在形成對一件事的記憶上，『現在』就與『過去』所佔的比重一樣多。」

當你回想過去時，如果覺得痛苦或憤怒，那是「現在的你」對過去的認知造成的痛苦，而不是過去的事件造成了你的痛苦或憤怒。比如那位被同學及老師誣陷偷公仔的男性朋友，如果現在事業輝煌騰達，回想起小時候那段被誣賴的過往，他可能會笑笑說：「比起商場那些狗屁倒灶的事，國小同學、老師的誣賴根本沒什麼。那同學根本只是怕公仔丟了，回家被爸媽罵，就誣賴是我偷的。至於老師誤信同學，那也不過就是唐三藏誤信豬八戒，遇到這種腦袋不靈光的老師，我能說什麼？」而後「現在的他」對過去一笑置之，那個看似堅實

的過去也就煙消雲散了。

至於那位被老闆惡意離職的女性朋友，如果她現在的工作很不錯，也小有積蓄，可能會想：「人生難免遇到爛人，沒遇到爛人怎知自己有多好，還好那爛人讓我離開那爛公司，我現在才有這好工作，說來我還得感謝他呢！」當她這麼想時，就不會再在意那位惡老闆了，也就是「現在的她」不再掛懷過去，那個看似不可改變的過去也就改變了，變得無足輕重。

而若是他們願意再發揮想像力，還可以進一步從「現在的自己」改變過去的記憶，比如那位男性朋友可以想：「我小時候經歷了一件神奇公仔事件，我同學誣賴我偷了他的公仔，神奇公仔聽聞後居然出現靈性，自己從籃球場跳出來，幫我平反，你看有多神奇！」

記憶是不堅實的，過去也不是不能改變的，如果你以為過去不能改變，其實真正沒改變的是現在的自己。因為過去成了記憶，在內在自我中，因此過去也就在廣闊的現在中，只要現在的你改變了，思想與認知不再跟過去一樣，你曾經以為堅實的過去也就改變了。

你還常常因為回想起過去的事就內心隱隱作痛嗎？其實讓你隱隱作痛的不是過去，而是現在的你。請你相信，你是魔法師，可以寬恕過去，也可以改變過去，改變的鑰匙就是現在。

現在是成為魔法師的第十一個練習：

請大聲宣告：

我相信我的過去、現在、未來都在廣闊的現在中。

記憶中的過去就是現在，我可以改變現在的認知與想法，當我現在的想法改變時，過去也就改變了。

13 當下是威力之點

賽斯說在物質偽裝結構中，「現在」是轉瞬即逝的，但是於真正的實相而言，就只有「廣闊的現在」，不論是鐘錶時間中已經消失的過去，或還沒出現的未來，都存在於廣闊的現在中。

當時間不再有過去、現在與未來的前後順序，鐘錶時間的法則被打破了，因果定律也將隨之消失，因為因果定律的原理是「過去是現在的因、未來是現在的果」。

曾經有位四十多歲的男性朋友對我說：「我開了一家小公司，有近二十個員工，但我常常擔心員工會離職。因為我害怕員工離職後，新進員工無法達成原本員工的績效，因此我總是討好員工，常常請員工們吃吃喝喝，也會不定期安排員工旅遊。員工若是提出加薪的要求，我通常都不敢當面拒絕，即使心裡萬般不願，還是多少會加一點薪。我擔心沒有滿足他們的話，他們會憤而丟出辭呈。

「不過，即使我這麼討好員工，還是有人辭職。有幾位員工辭職時看起來完全不念舊情，也不顧情面，還有幾位員工辭職，跳槽到新公司後，把我批評的一文不值。這讓我很難過。我都這麼善待員工了，為什麼他們還在背後批評我？我知道帶人要帶心，但真的不知道要怎麼對待員工，他們才會喜歡我的公司，願意把公司當成家，長長久久待在公司。

「因為疫情的關係，這幾年公司業績一直下滑，也陸續有員工離職，這讓我的心情非常不安。我曾經請教某位心靈老師，他說事業成功與否跟我和我爸爸的關係有關聯，如果事業不成功，一定是因為我曾在父子關係中受傷。老師要我回溯我和父親的關係，並擁抱那個曾經在父子關係中受傷的內在小孩，事業才可能成功。

「經由老師的引導，我仔細回想自己跟父親的關係，發現父親從小就對我很兇，我害怕父親生氣，因此總是小心翼翼討好父親。老師說的沒錯，我的事業跟父子關係有關，就是因為我從小討好父親，因而養成了討好別人的人際模式。我害怕父親、討好父親，就像現在害怕員工離職，要討好他們一樣。

「不過，老師要我擁抱自己的內在小孩，我還真不知道怎麼擁抱？」

聽了他的話，我用賽斯思想「廣闊的現在」觀念對他說：「『內在小孩』並不是你的過去，他就是你的現在。

「現在的你很難擁抱內在小孩，因為你正因人際關係而困擾，總是害怕員工又討好員工，可知你是沒有力量的。要沒有力量的你去擁抱受傷的內在小孩，顯然有所困難。你真正該做的，並不是改變過去那個內在小孩，而是要改變現在的你。如果現在的你有力量，就能療癒過去。」

這就是廣闊的現在的概念，這也是賽斯曾說的「威力之點就在當下」及「從你懸著的現在——經驗之平臺上，你改變過去與未來兩者，而那個改變、那個行動引起了你切身的感覺生命之點」。你的現在不是被過去註定的，過去與現在並沒有絕對的因果關係，因此，如果你現在過得不如意，最該做的是改變現在，而不是總想從過去找原因，以為改變過去或跟過去大和解，就能完全改變現在。

當現在的你改變了，你的記憶也會隨之改變，一旦對過去的認知改變了，就會自然而然改變過去並跟過去和解。如果現在的你沒改變，只是希望從想像中做出一些行為來改變過去或跟過去大和解，你將發現過去很難改變。

或許你也曾聽人說過，現在的不如意跟原生家庭有關，還有人會說：「跟父親關係不好的人，事業容易出問題；跟母親關係不好的人，金錢容易出問題。」有些人或許會因為這些說法而在生活不如意，事業、金錢出問題時，回家找父母，要父母為了從前的行為道歉，也有些人會嘗試擁抱過去曾經受傷的內在小孩。然而，與其把現在的不如意都歸咎於過去，還不如改變現在的自己，因為當現在的自己變得快樂時，回憶中的過去也會自然而然變得更快樂。

賽斯說過，隨著成人的學習與成長，記憶也不斷重新創造，可見過去是可以改變的，其關鍵就在當下，因為當下是威力之點，當下改變了，過去也就改變了。

如果你想成為魔法師，就請你明白，你可以改變過去、改變記憶。

現在是成為魔法師的第十二個練習：

請大聲宣告：

我相信我的過去、現在、未來是同時存在的。

當下是威力之點，改變的關鍵就在當下。

只要當下改變，過去與未來也就都改變了。

14 還好及時想到

你曾有過這樣的經驗嗎？某天剛走出家門，忽然想起某個重要的東西沒帶，嚇了一大跳，心想還好及時想到，不然就糟糕了。

像我有幾次上班都是出了門，才忽然想起重要的隨身碟或資料沒帶，瞬間嚇出一身冷汗，很慶幸及時想到。若是到了職場才發現沒帶，就難以挽救了。

像這樣的「及時想到」是頭腦想起來的嗎？

以賽斯的觀點來說，「及時想到」並不是頭腦想到，而是記憶經由潛意識存進了內在自我，當你忘記時，內在自我及時叮嚀，就忽然想起來了。

你以為是「你」想起來的，但這個「你」可不是你的頭腦（外在自我），而是你的內在自我想起來，並提醒你的，這就是外在自我與內在自我的合作。

賽斯說人們往往以為心智依賴大腦，但實情並非如此，某些人雖然大腦嚴重受損，理性依然存在，心智活動也都如常，這是因為大腦有內在感官傳來的知識，而不是完全依賴物質層面的資訊。

人的心智跟內在自我是緊密相連的，比如「記憶」就是外在自我跟內在自我的合作。

人的記憶分為短期記憶與長期記憶，短期記憶大多完全依靠頭腦，也就是外在自我，比如我到高鐵站臨櫃買票時，售票員會問我會員代號，我唸出代號後，售票員馬上輸入電腦，顯然記得很清楚。而若是我買完一張票，再買另一張票，售票員幾乎都會說：「會員代號可以再說一次嗎？」也就是，售票員的記憶瞬間記住，又瞬間忘記，類似這樣的短期記憶就是由大腦來記憶。

並不是所有的記憶都只由大腦來記憶，比如我習慣在演講前睡個二十分鐘再出門，入睡前我會擔心「我要出門演講」會不會是短期記憶，一覺醒來就忘記？於是我會調好鬧鐘叫醒自己，但我還是會擔心鬧鐘響時，我會按掉鬧鐘繼續睡，因此經常忐忑不安。有趣的是，每次鬧鐘一響，我就醒過來，而後頭腦會冒出一句話：「該出門演講了。」

提醒我出門演講的就是我的內在自我，因為我惦記演講，因此我的記憶不是只在頭腦的層面（外在自我），而是經由潛意識進入內在自我，於是鬧鐘響時，內在自我馬上提醒我「該出門演講了」。

我幫我母親領慢性病處方箋藥物時也是如此，一張慢性病處方箋可以領三次藥，每次是一個月的藥量。每當母親看完病領過第一次藥後，將處方箋交給我，我看了一下領藥時間，記了一下。

說來很奇妙，幾乎到了領藥的時間，我的頭腦都會自動冒出一句話：「該領藥了。」我常常會嚇一跳，也慶幸自己有想起來，因為若沒有依時領藥，就會超過領藥時間，那張慢性病處方箋也就作廢了。

那個提醒我領藥的聲音就是內在自我。當我看過領藥時間，經由潛意識傳給內在自我，內在自我記了下來，領藥時間到了就通知外在自我，我也就瞬間

想起來了。

在我的高中時代，升學競爭非常激烈，有好些科目如國文、歷史、地理、生物等都有賴記憶，有幾位同學都是背書高手，很多書都背得滾瓜爛熟。

我也算是班上的背書高手之一，那麼，我是怎麼背書的呢？我都是在晚上安靜的時候背書，背完書後再去睡覺，一覺醒來再複習一次，這麼一來，幾乎就滾瓜爛熟了。

根據科學研究，同樣是背書，背書後有沒有睡眠對記憶有極大的影響，比如晚上九點到十二點背書、十二點到早晨六點睡覺的學生，會比九點到半夜三點睡覺、再從三點背書到六點的學生，考試成績明顯好很多。

有些人會質疑，早上三點到六點剛背完書就去考試不是記憶猶新、考試成績更好嗎？背完書再去睡覺，不會在睡醒後忘了一大半嗎？

實情並非如此，因為背完書後再去睡覺，頭腦的外在自我會利用睡覺時間，將背好的書經由潛意識傳遞給內在自我，內在自我再進行知識的整合與深度記憶，於是就會記得更深刻，也就能記得滾瓜爛熟，久久不忘。

你想成為背書高手或記憶達人嗎？是否也希望重要的事都不會忘記，即使忘記了，也有一位貼身秘書及時提醒你？那就請你跟你的內在自我連結，它能幫你整合知識、增強記憶，及時提醒你，讓你想起重要的事。

如果你想成為魔法師，當然要有良好的記憶力。

現在是成為魔法師的第十三個練習：

請大聲宣告：

我跟我的內在自我是緊密連結的。

跟內在自我連結，讓我擁有最好的記憶力。

我相信內在自我也會在重要的時刻，提醒我忘記的事。

15 人類發明的二元思維

談起記憶的話題，有些朋友會問我：「及時想起來不就是頭腦想起來的嗎？為什麼不是外在自我的頭腦，而是內在自我想起來的？如何分辨外在自我與內在自我的記憶呢？」

內在自我與外在自我並不是兩個各自獨立的區塊，而是緊密連結的，兩者經由潛意識相連。外在自我會把外在感官的訊息傳遞給內在自我，內在自我也會把內在感官的訊息傳遞給外在自我，兩者是無法分割的。

當一個人及時想起某件事時，是內在自我將訊息傳遞給外在自我，因此，如果要說這是外在自我想起來，那也是可以，因為外在自我跟內在自我本就是一體的。

所有的生物都有外在自我與內在自我，不過，人是所有生物中最偏重外在自我，也最相信外在感官的。許多人，尤其是長期受科學教育影響的人，會認為從內在而來的訊息都是胡思亂想、亂七八糟、不足為信，也不可靠。也有很多人認為「眼見為憑」，只有外在感官的眼耳鼻舌身接收的訊息才是真確的。這樣的人就是貶抑或否認了內在自我與內在感官。

內在自我與內在感官的訊息包羅萬象，除了記憶之外，還有心電感應、預知未來、夢境等等，可知內在自我是非常重要的資訊來源，一個人如果不相信自己的內在自我，就是「自廢武功」，放棄了自己與生俱來的能力。

那麼，為什麼有這麼多人都只相信外在自我與外在感官的訊息呢？賽斯說人們之所以如此執迷於外在感官，是因為許多人只認同頭腦的意識與外在感官，不明白自己還有內在自我與內在感官，而當一個人不知道自己有內在自我時，他就切斷了自己與內在的連結。

而相信內在自我的人，也有許多人會把內在自我與外在自我認定為兩個區塊，兩者似乎各自獨立、互不相干。就像問「及時想起來」是來自內在感官或外在感官的朋友，就可能把內在自我與外在自我切割成兩個區塊，彷彿兩者只能二擇一。

關於這樣的狀況，賽斯說人們往往都把自己分割成兩個部分，一部分是思考與做事的「我」，另一部分則是呼吸與做夢的「我」，前者會感覺呼吸與做夢的那個「我」很陌生，甚至還會懷疑那個「我」是否真的存在。

將自己分割成兩個「我」即是「二元思維」，是人類頭腦發明的觀念，越是文明的社會越相信二元思維。在許多原始社會，人們可不會將自己切割成兩部分，對他們來說，接收內在的訊息是自然而然的。

二元思維是一種謬誤，人從來就不是分割成兩部分的，每個人都有其全我，包含內在自我與外在自我。一個明白自己有著全我的人，將可自由的使用外在感官感知物質世界，也可以用內在感官接收內在訊息。

每一種生物都是用全我來感知與生活，比如多年前南海大海嘯之前，泰國的大象、牛、山羊、狗、貓及鳥等動物都集體往山上跑，因而躲過了海嘯的危機。動物們似乎預知了海嘯即將來臨，因而集體往高處奔逃。

類似這樣的動物預知天災事件可說比比皆是，比如公元前三七三年古希臘歷史學家修昔底德（Thucydides）就曾記載古希臘城市赫利斯（Helice）發生毀滅性地震之前，大量老鼠、狗、蛇和鼬鼠逃出城。一八〇五年義大利那不勒斯大地震之前，人們也發現牛、羊、狗和鵝等動物不約而同地大叫並奔逃。

動物沒有發展科學，不會從外在做氣象天候預報，那麼，為什麼能感知未來，預知地震即將來臨呢？這是因為動物能從內在感官感知地震即將發生。動物可不會區隔哪則訊息來自外在感官，哪則訊息又是來自內在感官。當牠們從內在感官感應到地震即將發生時，就會奔逃保命。

但很多人類只相信外在感官，因此即使像動物一樣，從內在感官感應到不詳的預知，也會認為那是胡思亂想，因為他們不相信內在感官。

當一個人不相信內在感官時，就封閉了從內在而來的訊息。

內在有著豐沛的智慧與訊息，如果你想成為魔法師，一定要相信內在自我，並練習打開更深的內在感官，接受更多內在的訊息。

現在是成為魔法師的第十四個練習：

請大聲宣告：

我相信我有內在自我與內在感官。

內在自我與外在自我是緊密連結，無法分隔的。

我一定能從內在感官得到豐沛的訊息，成為最棒的魔法師。

16 心電感應

每個人都必須跟他人互動，在這個科學昌明的時代，人與人的互動除了互相交談之外，還可以打電話、傳訊息等等

交談、打電話是用嘴巴說、耳朵聽，傳訊息則是用眼睛看。不論交談、打電話或傳訊息都是使用外在感官，然而，人除了外在感官，還有內在感官，人也可以使用內在感官來交流，也就是用意念來互相溝通。

二十四孝中有則「齧指痛心」的故事，說的就是母子間的意念交流。這個故事是說春秋時代的曾參生平孝順，跟母親的連結很緊密。某一天，曾參出門砍柴，只有曾母一人在家，此時突然有客人來訪，曾母不知如何是好，於是大力咬自己的手指。曾參霎時感受到一陣心痛，頭腦中瞬間浮現母親一定有急事

找他的想法，於是他連忙背著柴趕回家。回家後曾參問母親是否有事，母親告訴他，因為有客人來訪，她不知道如何聯絡他，因此才咬手指，希望他能感應到。

如果曾參母子是現代人，曾母想連絡曾參時，只要撥一通手機或傳個訊息就可以，不論曾參在多遠的地方砍柴，都可以接到來電，手機就是使用外在感官。不過，人們並不是只有靠手機才能跟遠方的親友連結，在沒有手機的年代，人與人之間還是可以遠距離互相聯繫，方法就是使用意念，這就是「心電感應」。

曾參與曾母就是用「心電感應」互相聯絡。

如果用現代的手機廣告術語來說，心電感應可說是「只有意念，沒有距離」。

賽斯書中也不乏心電感應的故事，比如某天約翰前來參與賽斯的通靈課程，他提到有一天他開車在外時，強烈感覺家裡收到了一封來自公司經理的信，內容與升職有關。後來他開車回家，果真在信箱看到一封公司來信，確認了他的升遷。

賽斯說這是約翰心電感應到上司的想法，因此才會感應到公司經理來信的訊息。

心電感應的過程是A對B發出意念，B以內在感官接受到A的意念後，傳遞給外在自我，外在自我再由經驗與認知轉譯內在訊息，即成為頭腦中的影像或意念，這就是心電感應接收到的訊息。

人人都有內在自我，也一定都有心電感應的經驗，差別只在於，當一個人有心電感應時會知道那是心電感應，還是會認為「怎麼這麼巧，我剛好也想起你（或剛好想起這件事）」。

你是否有過類似的經驗，某一天你忽然想起某個朋友，於是想著要撥一通電話或傳一則訊息給他，就在此時，他居然打電話或傳訊息給你了。

你或許會對他說：「怎麼這麼巧，我剛才突然想起你，正準備打電話（或

傳訊息）給你，你的電話（或訊息）就來了！」然而，你或許不知道，當你想起他時，正是他的意念傳遞給你，你跟他心電感應，這才想起了他。

你並不是「剛好」想起他，而是跟他心電感應了。

說說我自己的故事吧！我行醫已經二十多年，看過的個案不計其數。有時，我會忽然想起某個多年前的個案，一開始我會想：「奇怪，怎麼會無緣無故想起他？」這位個案的名字或身影會一直盤旋在我腦海，有趣的是，通常一兩天後這位個案就會出現在我面前。

這就是個案跟我心電感應，當他起心動念要來看我的門診時，強烈的意念傳遞給我，我才會忽然想起了他。

因為常常有這樣的經驗，現在的我若是「忽然」想起某個人，就會把這突如其來的的想法寫下來，再核對這是否就是心電感應，通常真的是八九不離十。

有時內在感官接收意念後，傳遞給外在自我，外在自我再由經驗與認知，轉譯內在訊息。

舉個例子，我高中畢業將近二十年後才舉辦第一次高中同學會。高中的國文老師對我非常關照，在同學會之前，我的頭腦中常盤旋著一首歌，這首歌就是當年高中國文老師帶我們唱的蘇東坡詞〈水調歌頭〉。

我原本還以為那是我在懷念高中生活，想不到到了同學會地點後，我驚喜的發現國文老師也有受邀參加，這才明白我跟老師有了心電感應，老師的意念經由我的外在自我轉譯後，成為我印象深刻的那首老師常帶著我們唱的〈水調歌頭〉。

如果你想成魔法師，一定要開發心電感應的能力。心電感應的能力越強，就越能精確的接收他人的意念，經由內在與他人連結。

現在是成為魔法師的第十五個練習：

請大聲宣告：

我相信我可以跟他人心電感應。

當我的頭腦中忽然浮現某個人時，我明白這可能是他正在跟我心電感應，我會把這個訊息寫下來。

我相信我一定可以越來越精確地經由內在與他人連結，也能更精確地接收心電感應的訊息。

17

預知未來

你是否希望自己擁有預知未來的能力？

當你開車出門時，會不會希望自己能預感哪條路即將會塞車，這麼一來，就可以避開那條路，順利的開向目的地。

當你受邀聚會時，會不會希望預知自己即將在聚會中認識將來對你有幫助的人，如此一來，就會更歡喜的應邀前往。

如果進入一段戀情，你是否希望預知對方就是會陪你走下去的那個人？若是能確定，就可以放心付出更多感情，因為付出是值得的；而若不是，就可以早點分手，不須浪費感情與時間。

然而，人真的可以預知未來嗎？

人確實可以預知未來，但並不是從外在自我的頭腦預知，而是從內在自我，因為內在自我存在於「廣闊的現在」，既然現在與未來是同時存在的，人當然可以從現在預見未來。

比如前述心電感應，我提到約翰某天強烈感覺家裡收到了一封來自公司經理的信，內容與升職有關。後來他開車回家，果真在信箱看到一封公司寄來的信，信中確認了他的升遷。

這不只是心電感應，還是預知未來（賽斯稱預知未來為「千里眼」，意思就是人可以看到時間上千里之外的未來）。

說個我自己預知未來的故事，多年前曾經有一兩週的時間，我的頭腦中常浮現「骨折」兩個字，因為我是醫師，在浮現「骨折」兩個字時，頭腦還會出現大腿骨折的X光影像。

那時的我還不是很清楚為什麼會不斷出現這個訊息，而後，某一天我上班時，兒子忽然打電話告訴我：「阿嬤（我母親）跌倒了。」兒子描述了一下我母親的狀況，我立刻連結上頭腦中的訊息，於是馬上對兒子說：「阿嬤應該是骨折了，快叫救護車送醫院。」

到了醫院，照了X光，果真是大腿骨折，於是緊急開刀，再經過後續復健，母親才回復健康，行動自如。

可見我頭腦中浮現的「骨折」訊息就是對未來的預知。

相信很多人都希望預知未來，也常聽預言家說預知的未來，但又懷疑其真假，比如網路新聞常會報導印度神童阿南德預知未來會發生什麼事，很多人都半信半疑。

自古以來也有很多知名的預言家說出公認準確的預言，比如中國周朝的《乾坤萬年歌》、漢朝的《馬前課》、唐朝的《推背圖》、宋朝的《梅花詩》、明朝的《燒餅歌》都是公認較準確的預言，甚至可以預言數千年之後發生的事。

四百多年前的法國著名星象大師諾查丹瑪斯（Nostradamus）據說曾預言

了美國前總統甘迺迪遇刺身亡等事件；人們也認為保加利亞已經過世的靈媒「盲眼龍婆」巴巴萬加（Baba Vanga）預言了美國九一一恐攻等重大國際事件。

雖然預知未來是每個人都有的能力，而且只要願意開發，人人都能更精準的預知未來，但也有些人會疑惑：「未來難道是註定的嗎？難道人生不論怎麼選擇，最後都會邁向註定的未來？」

當賽斯告訴約翰他能預知未來時，約翰也有點害怕，說他不想今天讀著明天的報紙。約翰既想預知未來，又害怕知道未來。

賽斯告訴約翰，不必擔心自己有預知未來的能力，因為未來並不是註定的，人有自由意志，只要一個行動改變，未來就會被連動改變，這就是預言常常不準的原因，可見未來還是掌握在當下的自己手上。

賽斯還說過，預測未來的訊息會不斷流進意識，但有時預知的未來並沒有在未來成真，那是因為那個未來沒被選擇，但預知的訊息還是有效的。

所謂的預知未來，是在頭腦中形成關於未來的影像，比如魯柏將書稿交給出版社後，不確定出版社願不願意幫他出版。約瑟想預知出版社對魯柏書稿的反應，賽斯建議約瑟可以想像頭腦中有一張空白圖畫紙，並告訴自己：「我想知道出版社的反應。」而後約瑟將連結到他的內我，未來的意象即可能呈現為紙上的畫。約瑟可能會看到出版社的回信，賽斯說回信的顏色越鮮豔代表越吉利。

如果你想成為魔法師，當然要開發預知未來的能力，雖說未來並不是註定的，但預知的能力將讓你知道一個很可能發生的未來，這能讓你趨吉避凶，為未來提前作準備。

現在是成為魔法師的第十六個練習：

看看頭腦中浮現的畫面，試試預言未來的事件，但別執著於預言是否成真。

只要持之以恆的練習，我將發現自己真的能預知某些未來事件。

還可能發現預言的準確度與情感相關，某些與我的情感連結較深的未來訊息，會自然的流進現在的我。

18 擺錘占卜

有許多心電感應與預知未來都發生在夢境，然而，不論是在醒時或夢中預知，當內在感官將訊息傳遞給外在自我時，都有可能被外在自我扭曲，因此，即使醒時或夢中接收到了來自未來的訊息，許多人仍可能不明白訊息真正的含意。

為了更明確預知未來，許多人都會進行占卜。占卜是跟潛意識、內我或更高層次的神靈聯繫，從而得知未來，趨吉避凶。

古今中外占卜的方法可說不計其數，比如夢境、拆字、面相、掌紋、姓名、茶葉梗、咖啡渣、寺廟靈籤、占星術等，真可說是琳瑯滿目。想來大家多多少少都曾經體驗過其中幾種吧？大多數占卜方法都有賴專業的占卜者，不同的占卜師往往各有不同的解釋。

此外，像易經占卜（梅花易數）或塔羅牌等牌卡占卜，也都需要占卜師來做詮釋。易經占卜有六十四卦、三百八十四爻，總共可以占出數百種結果，塔羅牌也有七十八張之多。對於沒有學過解讀方法的人來說，要自己使用易經或塔羅牌來占卜，只怕會有解讀上的困難。

如果你想成為魔法師，有志為人占卜，預知未來吉凶、趨吉避凶，可以深入學習以上的占卜方法。

而若是你想預知未來，卻對這些複雜的占卜方法沒興趣，只想用簡單的方法預知未來，那麼，也可以試試約瑟與魯柏常用的「擺錘占卜」（或稱為「靈擺」）。

關於擺錘占卜，賽斯曾告訴魯柏，擺錘得到的答案是從潛意識來的。除了預知未來，魯柏與約瑟也常以擺錘與潛意識溝通，比如某天魯柏購物後遺失了一袋東西，遍尋不著，而後魯柏以擺錘問他的潛意識失物在何方，擺錘告知是在某間店，後來果真從那間店找回了失物。

賽斯說擺錘比不上出神時跟潛意識溝通，但還是跟潛意識連結的好方法。他建議約瑟夫妻買衣服前，可以經由擺錘問問潛意識，這樣通常就能挑出最適合自己的顏色與布料。

如果你想讓擺錘占卜更準確，心中雜念越少越好，越專注問問題，得到的答案越準確。若是用嘻笑遊戲的態度或是心事紛亂時問擺錘，可能難以連結你的潛意識或內我，擺錘回答的準確度也較低。

若是越熟練地使用擺錘，將更準確地得到答案，因為你會藉由擺錘更緊密的連結上你的潛意識與內我。

你的問題可以類似：

「同事幫我安排的相親我要不要答應邀約？」

「今天出門要穿綠色或紅色的衣服？」

「下週的旅行要不要前往宜蘭？」

請你不要問「陳小豪是不是喜歡我」之類的問題，因為你不是陳小豪，這樣的問題顯然你的潛意識與內我無法回答你。如果問擺錘這類問題，得到的答案大多是你自己潛意識的想法，也就是你自己認為陳小豪喜不喜歡你。

擺錘是與潛意識連結的好方法，可以預知未來，也可以向潛意識與內我詢問某些問題，因此，如果你想成為魔法師，就請你練習擺錘占卜。

現在是成為魔法師的第十七個練習：

1. 準備一條擺錘（可以自製，用一條細繩或線綁著一個重物，大多數人喜歡用金屬或水晶之類礦石，也可以使用適合的項鍊）。
2. 懸空拿著擺錘。
3. 想好問題。問題必須是「只有兩個選項的問題」，比如「對／

錯、好／不好、買／不買、台北／高雄」

4. 設定好擺錘方向的定義，比如問擺錘要不要買某個東西，擺錘順時鐘轉就是「買」，逆時鐘轉就是「不買」，或是左右擺盪就是「買」，前後擺盪就是「不買」。

5. 開始問問題。

19 不要過度依賴占卜

擺錘占卜是非常簡單的占卜方法，不需要學習很多專業的解讀知識即可進行。

除了擺錘之外，華人還有一種非常簡單的占卜方法，就是擲筊（博杯）。所謂的「筊」分為陰陽兩面，平的一面是陽面，凸的一面為陰面。擲筊是有問題要詢問神明（神明包括自己的「個人神」，也就是內在自我），擲茭時必須說出你的問題，再請示神明是否同意你的想法，而後虔誠地將筊擲出。

擲筊的結果如果是一陰一陽稱為「聖筊」，意思是神明同意你的想法，若是要求慎重，必須連續擲出三個聖筊，以確定神明真的同意。如果是兩個陽面

（平面）稱為「笑筊」，就是神明對你的說法一笑置之，或許是神明不了解你的意思，也或許是神明尚在考慮中，你可以把問題再說詳細點，並再次擲筊請示神明。而若結果是兩個陰面（凸面）就稱為「陰筊」，意思是神明否定了你的想法，也可能是神明生氣了，總之神明是要告訴你，你的想法不宜執行。

華人擲茭問事前通常都會先擲筊詢問神明在不在現場，若是擲出了「聖筊」，就是神明說：「我在，你問吧！」這時就是跟神明搭上了線，可以提問了。

至於問問題的方法，因為擲筊只有「肯定／否定／不置可否」三種回答，所以你只能提出一個想法，再問神明同不同意。可別問選擇題，那是神明無法答覆你的，比如「我今年想出國，要去哪一國比較好？」這樣的問題就無法擲筊。

擲筊提問的方法類似這樣：

「我準備七月中旬在博愛路開一家超商，請問這家超商是不是會賺錢？如

果是的話請賜一個聖筊。」

「大學畢業後，我想考研究所，請問有研究所的學歷，事業之路是不是會更順利？如果是的話請賜一個聖筊。」

「公司在新加坡有一個新的職缺，請問我如果請調新加坡，是不是事業會更順遂？如果是的話請賜一個聖筊。」

為求慎重，很多人會連續擲出三次聖筊，才確定神明同意。而若是神明不同意，就再改換說法，直到神明認可。

擲筊非常簡單，也是華人最常使用的占卜方法，即使身上沒有帶著筊，很多人也都會用錢幣來擲筊，畢竟許多人都不知道怎麼下決定，擲個筊問問神明，占卜未來吉凶，就可能趨吉避凶。

擺錘占卜是西方人常用的占卜方法，擲茭占卜則是東方人常用的占卜方法，兩者有所不同，前者是連結上潛意識與內在自我，後者也會連結潛意識與內在自我，但東方人更相信擲筊是連結上神明。

擺錘占卜是跟潛意識溝通的好方法，賽斯也曾建議魯柏與約瑟使用擺錘占卜（畢竟賽斯是在美國講課，美國並沒有擲筊的習俗，否則賽斯應該也會建議擲筊占卜），就像前文說的，魯柏曾經以擺錘占卜尋找到遺失物品，約瑟也常問擺錘許多事。

然而，就在賽斯建議魯柏與約瑟使用擺錘一段時日之後，賽斯認為約瑟用了太多時間詢問擺錘，尤其是身體不適時，屢次問擺錘形成疾病的過去原因。

賽斯提醒約瑟，每天使用擺錘不要超過半小時，若超過半小時有害無益，因為使用擺錘是將焦點與能量灌注在潛意識，約瑟太過於將能量投注於潛意識，這將有礙從內在而來的創造能量。

可見賽斯建議使用擺錘，但也提醒大家，不能過度依賴，凡事都問擺錘，而是應該學會用理性與直覺來思考，過度依賴擺錘將使人失去力量。你得學會自己做選擇與判斷，並為自己的選擇與判斷負責。

你是否看過某些很依賴占卜的人，常常在問，今天要不要出門、要穿什麼

顏色的衣服、要搭捷運還是公車、要不要買某張股票。

一個人面臨選擇時，若總是占卜問潛意識、內在自我或神明，他將失去力量，也會常常患得患失。

如果你想成為魔法師，請你明白，你可以在需要的時候占卜，但不能過度依賴，畢竟你還有理性與直覺，這是你很重要的能力，你得學會用理性與直覺來做選擇與判斷，並為自己的選擇與判斷負責。能為自己負責的人，才是有力量的人。

現在是成為魔法師的第十八個練習：

請大聲宣告：

我會占卜，但不會過度依賴。

當我困惑時，我會詢問潛意識與內我。

但我更會培養自己的理性與直覺，我會以理性與直覺選擇與判斷，並為自己的選擇與判斷負責。

20 拿回自己的力量

在遠古時代，有通靈能力及占卜專業的巫師，向來都是國王或酋長身邊不可或缺的重要人物。看歷史劇時，大多會看到國王旁邊坐著一位巫師，當國王要發動戰爭或制定重大決策時，就會請巫師占卜吉凶。

商代的甲骨文就是巫師占卜後刻於龜甲或獸骨上的文字。由大量出土的甲骨文來看，可知商代的占卜盛行，也可推想商代的巫師地位多麼崇高。再如輔佐亞瑟王的巫師梅林，以及《魔戒》故事中輔佐亞拉岡王子的巫師甘道夫，都是真命天子身邊不可或缺的人物。

就連《三國演義》中的諸葛亮也有巫師的特質，在赤壁之戰前，為求火攻曹操，諸葛亮建造了一座七星壇，登壇作法三天三夜，借來東風，大破曹軍，這可說根本就是巫師的作為。

隨著時代的演進，科學越來越昌明，巫師的重要性似乎也越來越低，人們越來越相信外在自我，也越來越鄙夷內在自我，甚至不相信內在自我的存在。

現代人大多是從外在自我與頭腦來思考，對焦在外境，而往往又不信任外境，因此常常會陷入焦慮，也失去了力量。

然而，人明明就可以創造更有力量的自己。如果想創造更有力量的自己，既須培養外在自我與頭腦，也就是增進理性，同時也須信任內在自我，增進智慧與直覺。讓內在自我與外在自我的連結更緊密，理性與直覺都將有更好的發展，人也就更有力量了。

賽斯除了警告約瑟不要過度依賴占卜，除此之外，也提醒魯柏不要過度投入占星術。

占星術是很流行的占卜方法，已經有千年以上的悠久歷史，魯柏在為賽斯通靈時，也曾想同時學占星術，並為他人解星盤及分析未來。

賽斯說，魯柏可以學占星術，但當業餘興趣玩玩就好。他說人們會選擇某個星座出生，就是幫自己設定了最能進步也最具挑戰的人格特質。優秀的占星家可以幫助人了解自己，但占星術太局限了，魯柏若深入學占星術，星圖（星盤）將會阻礙或混淆他預知未來的訊息，也會浪費很多時間。

會求助占星術專家的人，幾乎都是為了知道如何獲得奇蹟或利益，而非為了認識自己。

許多占星專家都跟算命師一樣，是在為人占卜未來，但比起占卜未來，賽斯更強調成長自己，因此賽斯不希望魯柏過度投入占星術，他認為比起告訴一個人未來的運勢，用賽斯資料來改變一個人的觀念與性格顯然是更重要的。

從賽斯的觀點來看，認識自己、自我成長及拿回自己的力量，比用占星術等方法預測未來重要太多了。也就是在理性與直覺上都能有更好發展的人，必將更有力量，對於這樣的人來說，不論星盤是吉是凶，都可能創造「大吉」人生。

賽斯非常重視自我成長，他會教導眾生，但不願意幫人下決定，比如有一位史蒂芬問賽斯要不要下賽馬賭注，也就是請賽斯預言他會不會贏錢。賽斯說他不會幫別人下決定，因為幫別人下決定只會養成對方的依賴心，也會剝奪對方的力量，如果對方認為結果不如意，就會怪罪幫他做決定的人。賽斯要大家自己下決定，並為自己的決定負責。

真正的成功必須靠自己努力來實現，才能給人帶來力量與自由，並迎向下一個挑戰。如果沒有成功也別怪罪別人，史帝芬就是太會怪罪別人、太會罵人了。賽斯要他好好把握當下，而不是只期待未來。

忠言逆耳，或許賽斯的建議會讓史蒂芬覺得刺耳，但絕對是為他好，賽斯也可以講史蒂芬愛聽的，也就是幫史蒂芬預測賽馬要下哪一注才能贏錢，但那只會害了他。

賽斯是高靈，身為高靈的他希望每個人都能開發理性與直覺，並學會為自己下決定，拿回生命的自主權，這麼一來，才能更踏實的創造人生的成功

與美好。

現在是成為魔法師的第十九個練習：

請大聲宣告：

我相信我有內在自我，也相信宇宙中有守護我的高靈。

我可以連結內在自我與高靈。

但我最相信的是自己，我會成長自己，發展理性與直覺，讓自己擁有最大的力量，邁向夢想，創造成功。

21 豐沛的靈感

內在自我可以傳遞很多訊息給外在自我（頭腦），例如：前世的訊息、可能自己的訊息、記憶、過去的訊息、心電感應及預知未來等。內在自我與外在自我結合越緊密，獲得的內在訊息就越多。

我是創作者，以創作者的觀點來看，我認為最重要的內在訊息是「靈感」。靈感可能跟前世、可能的自己、過去、未來，以及心電感應等種種訊息相關，因為有靈感，我才能寫書與演講。

所有的創作者，不論是作家、演講者、影音創作者、設計師，都必須經由靈感來創作。

以小說《哈利波特》的作者J. K.羅琳為例，她曾說，在她創作《哈利波

特》前，有一天，坐在一輛從曼徹斯特開往倫敦的火車上，火車在某個不知名的小站暫停，此時，她望向窗外，忽然見到一位戴眼鏡的黑髮小巫師，在窗外不遠處的屋簷下對她微笑。

小巫師的身影在J. K.羅琳的心中久久不去，她直覺應該把他寫下來。於是就以這個小巫師為原形，創造出哈利波特的角色，再融合她天馬行空的想像力，寫出《哈利波特》。

小巫師並不是J. K.羅琳以肉眼看到的，也不是她想出來的，而是從J. K.羅琳的腦海中浮現出來的，也就是她內在的心靈影像，這就是「靈感」。

每個創作者的作品都跟J. K.羅琳的《哈利波特》一樣來自靈感，身為創作者的我也非常需要靈感。靈感是從內在自我來的，每當我要寫作時，會安靜的坐在電腦桌前，順隨靈感的湧現進行創作。豐沛的靈感流進頭腦的感覺真的非常美好，除了創意之外，許多我原本百思不解的問題也都在靈感湧現的過程中得到了解答。

靈感可不只在我專注創作時才會湧現，在生活中的許多時刻，也會從頭腦浮現出來。每當頭腦萌生靈感時，我會盡可能用筆或手機記下。如果沒有寫下來，靈感又飄走，那可會讓我非常懊惱。

因為熱衷創作，我目前已經出版了《不藥而癒》、《靜心的優雅節奏》、《翻轉信念40招》等二十多本書，有時我在看自己的書時，都會忍不住讚歎「這真是神來一筆啊」！因為這並不是我的頭腦想出來，而是內在自我流進來的，因此常常都會出現突發奇想的觀點。

魯柏也是創作者，他是詩人，非常熱愛寫作。他曾經詩興大發，幾天內寫出數十首詩，並結集為一本詩集。

賽斯說這本詩集可不是以自我寫成的，而是魯柏暗示自己會有創作靈感，而後連結了全我，豐沛的能量與靈感因此源源不絕地湧出來，於是順利寫出了這本詩集。

同為創作者，我相信魯柏完成這本詩集一定很開心，因為創作就是內在自

我與外在自我的合作，這真是很美妙的感覺。

除了寫作之外，我也很喜歡上課演講，事前我會準備好講稿，也會準備許多好笑的「梗」，這都需要靈感。此外，我很喜歡在上課或工作坊進行即席問答，這更需要靈感，即席回答問題時的靈機一動，常常連我自己都覺得機智又有趣，這也都是拜靈感之賜。

那麼，要如何讓靈感更豐富呢？

首先，你要對某個領域產生興趣，並大量吸收該領域的相關知識，你的熱情將讓內在自我知道你的興趣是哪個領域。

接下來，你要決定進行哪一類創作，例如是文字、聲音還是影音。你可以先嘗試創作，當你開始創作時，會連結上內在自我，靈感也就冒出來了。

如果你想要更多靈感，就要在創作的同時繼續吸收知識，這麼一來，內在自我將會給你超越你吸收的知識以外的靈感，也就是突發奇想，別樹一格的作品於是就出現了。

內在自我的訊息與智慧是取之不盡，用之不竭的。

有句成語「江郎才盡」，典故是南朝有一位文人江淹，寫得一手好詩與好文章，享譽文壇，大家都稱他為「江郎」。然而，在江淹年紀漸老後，文采大不如前，寫的文章比之從前大為失色。

為什麼江淹的文筆會越來越退步呢？傳說在某個晚上，他夢見有位文人郭璞對他說：「我有一枝筆放在你那兒很多年，現在應該還給我了。」江淹往懷裡一探，果真有支五色彩筆，於是就將這枝筆還給郭璞。從此以後，江淹就文思枯竭，再也寫不出好的詩句與文章，人們因此說「江郎才盡」。

照這個江郎才盡的故事來看，顯然江淹是從某一天開始，內在自我就不再提供他靈感了。然而，除非江淹對創作已經不再有熱情，否則靈感是永遠取之不盡，用之不竭的。

只要有心創作，成為創意人，你的內在自我一定會源源不絕地提供靈感給你，完全不必擔心有天江郎才盡，只要創作的熱情在，才氣與靈感絕對沒有用

完的一天。

如果你想要成為魔法師，當然需要靈感。

現在是成為魔法師的第二十個練習：

請大聲宣告：

我相信我是創意源源不絕的創作者。

只要我決心創作，內在自我就會提供我豐沛的靈感。

我一定會有取之不盡、用之不竭的的靈感。

Part 3

內在感官

22 認識內在感官

外在自我是以外在感官感知外境，內在自我則是以內在感官感知內在的訊息。

賽斯將內在感官分為九種，略述如下：

第一種內在感官：是一種直接性的知覺。以這種內在感官來感知外境，不只能感知事物的形貌，有時還能感知它的經驗，並因此擴展自己的意識。

想像你站在一座有許多大樹的公園裡。你想要認識一棵樹，第一種內在感官會讓你真實感受你身邊每一棵樹的基本感覺。你的意識會擴展到「作為一棵樹是怎麼回事」的經驗，也就是你進入了樹裡，心領神會地了解一棵樹的感覺，就像你了解自己身體的冷熱一樣。

你也可以選擇別的事物來體驗第一種內在感管，譬如昆蟲或花朵，在做這個練習時，你並不會失去自己是誰的意識，也不會侵略另一種生靈的意識，你將因此擴展自己的意識，並以更深的瞭解與同理心感受其他生靈活潑生動的情緒。

第二種內在感官：即進入心理時間，也就是「靜心」。「心理時間」的練習，能讓你從外在世界轉為觀照內在世界。

練習進入心理時間時，請獨自安靜地坐著或躺著，閉上雙眼，假裝你的內在有一個與物質世界一樣生動真實的世界，而後關閉你的肉體感官。請想像肉體感官有一個刻度盤，你將它們一一關上，接著再想像「內在感官」有另一套刻度盤，你將它們逐一打開。經由這個想像，就會開啟你的內在感官。

第三種內在感官：這是第一種內在感官的擴展，當你的意識進入一棵大樹（或昆蟲、花朵）之後，再進一步感受這棵大樹的過去與未來。

第四種內在感官：這種感官牽涉到對某個觀念的直接認識，亦即對觀念的

完全體驗，而不是僅有理智上的瞭解。觀念和思想一樣，有電性與化學性的成分，人們可以直接體驗它們，就像聽聞「信念創造實相」這個觀念，你不只可以解讀它，更可以進入並真正體驗它。

第五種內在感官：這個感官是讓你的意識進入另一個人之內，感受他的內心、過去與未來。請放心，你絕不可能因此控制他。不過，賽斯說第五種系統在我們的三度空間是無法全然表現的。

第六種內在感官：這種內在感官是要感知關乎存有對宇宙基本活力天生的有用知識，沒有這知識就無法操縱活力。例如，如果沒有天生的平衡感，你就不能直立，此外，當你跟朋友邊逛街邊聊天時，你的意識明明沒有關注在雙腳，雙腳卻能自然地在行走。進入第六種內在感官，你會看到超越了頭腦，讓你的身體可以自然運作的內在意識。

第七種內在感官：這種感官有兩種作用，即意識的放大與縮小。人的意識是包被在組織囊中的，組織囊也可以稱為靈體或星光體（astral bodies），當組織囊擴張，也就是能量擴展時，意識就能出體，進入其他的實相系統。

第八種內在感官：也可稱為解套（disentanglement）的內在感官，即靈體脫離肉體。離開肉體後，靈體可能會飄浮起來，看到另一個空間的景物，這也就是千里眼（天眼通）。例如，魯柏曾在將醒未醒時，以內在感官漂浮及轉移到另一個房間看時鐘，像這樣穿透偽裝空間，就是第八種內在感官。

第九種內在感官：即擴散（diffusion），意思是一個人的人格意識可以分散成無量的意識，這就是細胞意識。細胞意識創造出細胞，細胞再聚合肉體，能量人格也就成為物質世界的人了。細胞意識中有著能量人格的精神基因，精神基因會再轉譯為染色體中的ＤＮＡ，故而每個人都有獨屬於自己的ＤＮＡ，也會創造獨屬於自己的身體。

也許很多人看了賽斯所說的這九種內在感官，並不見得能完全了解賽斯的意思，這是因為人習慣用頭腦來思考，內在感官則是必須進入內在體驗，才能心領神會。

若要進入內在感官，方法無他，只有練習「專注」、「放鬆」或「靜心」，當外在感官關閉，意識從外在自我切換進內在自我時，內在感官就自然地打開了。

如果你想成為魔法師，當然要開發內在感官。

現在是成為魔法師的第二十一個練習：

請大聲宣告：
我相信我有內在感官。
我決定開發內在感官。

23 內在視覺

所謂的「內在感官」，也可以說是內在的眼睛、耳朵、鼻子、舌頭、皮膚，亦即內在的視覺、聽覺、嗅覺、味覺、觸覺，也有人稱為靈視力、靈聽力、靈嗅力、靈嚐力、靈觸力。

接下來，就跟大家介紹內在感官，首先，從內在視覺，也就是靈視力開始。

內在視覺就是內在的訊息在眼前呈現的內在畫面。當你開啟內在視覺時，會看到畫面，但不是用肉眼看，而是用內在視覺感知。舉個例子，當你看過電視、電影或電玩後，某個讓你非常有情緒的畫面會深植在你的記憶中，而後在你眼前反覆出現，那就是強烈的記憶造成的內在視覺。

以我自己為例，記得小學高年級時第一次看電視劇《神鵰俠侶》，一代大俠楊過在絕情谷，苦等相約十六年的小龍女，從白天等到晚上，太陽都西沉了，小龍女仍未前來。楊過悽苦的大喊：「你為什麼不守信約？」而後從絕情谷一躍而下。

對於小學的我來說，這段劇情實在太過震撼了！看完電視劇後去睡覺時，我完全睡不著，眼前一直重複著楊過跳絕情谷這段劇情，耳朵也一直聽到楊過大聲嘶喊：「你為什麼不守信約？」

我眼前的畫面就是內在視覺，我聽到聲音則是內在聽覺。

你可能會問，這不是看過電視劇後，頭腦的回想嗎？

我來做個簡單的區分，頭腦的回想是用大腦，當你的大腦想著某個畫面時，畫面會出現在偏「頭頂」的位置，畫面較不清晰，往往也不是全景的畫面，那是頭腦刻意或不經意去想的。內在視覺則與頭腦的思想不同，會成像在大約「額頭前面」，比眼睛略高的位置，畫面較清晰，大多是全景。

當我反覆看見楊過跳絕情谷的畫面時，那個畫面就是呈現在額頭前面，用成語來說，即是「如在眼前」、「歷歷在目」。

這個區分能讓你明白，當頭腦出現畫面時，哪個畫面是來自大腦的想法，哪個畫面又是來自內在感官。

有些人不敢恐怖片，原因就是太過駭人的畫面會在眼前反覆出現。曾聽許多朋友說，看完恐怖片後，晚上關燈或獨自上廁所時，恐怖畫面會浮現眼前，因此嚇到睡不著或不敢獨自上廁所，這即是恐怖片的深刻記憶造成的內在視覺。

生活中很多經歷都會讓人久久難忘，也都會形成內在視覺。舉個例子，一位女孩跟男友交往兩年後分手，在交往的過程中，女孩有很多快樂的回憶。分手三年後，當年跟男友一起到日本旅遊的快樂畫面，還是縈繞在女孩腦海，她會一再看到從前那些快樂的畫面。每當畫面浮現時，她的嘴角都會露出笑意。

而當初女孩之所以跟男友分手，是因為男友的父母反對，為了逼兒子跟女

孩分手，安排他到美國留學。分手那一天，男友聲淚俱下對女友說：「對不起，我無法反抗我的父母，我們分手吧，希望妳找到愛妳的人。但妳可以答應我，下輩子跟我在一起嗎？」男友哀傷又不捨的表情時不時就會浮現在女孩眼前，男友那天說的話也常常浮現在她耳畔，即使過了三年，男友說的每個字都依然如此清晰。

女孩看到的畫面就是內在視覺，聽到聲音則是內在聽覺，內在視覺與內在聽覺都不是來自大腦的刻意回想，而是來自內在感官感受到的深刻記憶。

接下來，說說我個人心電感應的經驗。我在心靈團體上過無數的課，聽眾與學員可說不計其數，有些學員跟我比較熟，連結比較深，但上過一段課程後，可能會中斷一段時間沒來上課。

有好幾次，某個學員多個月或多年未上課，某一天，我的眼前忽然浮現那位學員的影像。當我見到學員的影像時，頭腦會想：「他叫什麼名字、我怎會忽然想起他？」而後經由刻意的回想，我想起了他的名字。

很奇妙的是，通常在下一次上課或演講時，這位學員就出現了。有幾次都是我叫了那位許久未見的學員名字，他吃驚的說：「老師，你竟然還記得我，謝謝你！」

聽他這麼說，我心裡想的是：「因為你先心電感應我，說你即將來臨，所以我才感應到你，也才回想起你的名字。」

在這樣的經驗中，我看到學員的影像是經由內在視覺。看到學員的影像後，我再用頭腦回想他的名字，這就是內在自我與外在自我的合作。

內在視覺會隨著開發與練習而越來越清晰，如果你想成為魔法師，當然要開發內在視覺，並常常使用它。

現在是成為魔法師的第二十二個練習：

學習分辨大腦的想法與內在視覺。
回想曾有哪些經驗來自內在視覺。
再感受一下自己的內在視覺。

24

開啟內在視覺

你是否看過電視劇中以下的畫面？某個人請吉普賽女郎幫他占卜未來，吉普賽女郎看著水晶球中浮現那個人即將發生的境遇。

那個人的未來真的呈現在水晶球中嗎？並不是。吉普賽女郎看著水晶球時，看到的是她內在視覺的景象，她心電感應到對方的未來，並從內在視覺看到了對方的未來。

那麼，為什麼傳說中吉普賽女郎預知未來時，總是使用水晶球呢？因為自古以來，水晶，尤其是白水晶，被人認為有著能量與魔力，因此許多魔法的練習都會建議使用水晶。

我則要告訴大家，如果吉普賽女郎真有從內在視覺預知未來的能力，即使不用水晶，她依然看得到對方的未來，因為對方的未來會成像在她眼前。

所謂的內在視覺，就是俗稱的「第三隻眼」，也就是佛教說的「天眼」。民間故事中的二郎神楊戩就有第三隻眼。影視節目中的楊戩大多在額頭中間還有一隻眼睛，這就是第三隻眼。傳說楊戩就是因為有第三隻眼，因此孫悟空不論怎麼千變萬化，都會被他看出原形。

佛經中說釋迦牟尼佛有著「眉間白毫」的形相，白毫處會放出光，眉間白毫也是第三隻眼。

第三隻眼即是內在視覺，會成像在大約額頭前面，也就是比眼睛略高的位置。現代的身心靈界大多認為內在視覺即是「松果體」的視覺，內在視覺的成像位置就在與松果體平行的高度。

松果體是個內分泌器官，體積很小，大約〇．五至〇．八公分，質量大約一〇〇至一五〇毫克，形狀就像一顆松果，位於大腦的正中心，會分泌褪黑激素。

自古以來，許多宗教、神祕學與哲學都認為松果體是個神祕的腺體。哲學家笛卡兒認為松果體是思維與肉體的連結點，稱松果體為「靈魂之座」。他曾說：「我的觀點是這個腺體（松果體）是靈魂最最重要的座位和我們所有想法形成的地方，我如此認為的理由是，我除此之外無法找到大腦的其他部分不是成雙的。」

有些宗教學家與哲學家也認為，古埃及壁畫中出現的荷魯斯之眼，又稱真知之眼，即是松果體。

松果體是人人都有的器官，許多心靈學家都認為松果體之眼即是第三隻眼。既然人人都有，為什麼大多數人都很陌生，甚至不知道自己有第三隻眼呢？

有些心靈學家認為那是因為人們長久未使用第三隻眼，松果體因此被封印，也就是鈣化了，故而失去了第三隻眼的功能。而若是要重新啟用松果體，開啟第三隻眼，就必須進行松果體除鈣。

有些心靈學家認為若想進行松果體除鈣，必須從飲水與食物著手，比如飲水不能加氟，或是必須吃香蕉、蜂蜜等食物；也有些心靈學家認為可以用水晶來激活松果體，比如用錐形水晶摩娑眉間第三眼的位置（脈輪中的眉心輪），或是將水晶放在眉心輪的位置；還有些心靈學家建議在黎明時刻仰望太陽，藉由溫和的陽光來開啟松果體。

心靈學家雖說的煞有其事，但「第三隻眼即是松果體」、「無法經由第三隻眼進行靈視是因為松果體鈣化」、「若想開啟第三隻眼就必須進行松果體除鈣」等觀念，全都沒有得到科學的證實。

那麼，賽斯又是怎麼說的呢？賽斯曾經談到，大腦有某些未專門化的部分，也就是能「聽」到顏色、「看」到聲音等。只要這些部分被開啟，人的感官機制就不再局限，比如可以「聞」到顏色。未專門化部分的開啟與松果體、腦垂體及丘腦都有關。

從這段話來看，賽斯並沒說內在視覺就是「松果體」的視覺。

因為內在視覺不見得真的是「松果體」的視覺，如果想開啟內在視覺，我不建議花太多心力在「重新啟用松果體」或「松果體除鈣」。

我要教大家的方式跟松果體並沒有特別的關係。

內在視覺是以影像的方式呈現，如果要以「影像」的模式呈現內在訊息，就必須把內在訊息轉譯為「畫面」。我把用影像呈現訊息稱為「視覺語言」，這就像別人跟你說話，你聽到的明明是語言，卻能轉譯成視覺畫面，於是可能會告訴對方：「你說的故事好有畫面。」

如果想開啟內在視覺，也就是第三隻眼，與其用水晶刺激眉心輪，我會更建議熟練「視覺語言」。

要想熟練地使用視覺語言，就要常常練習將文字語言轉譯為視覺語言。以下三段文字，請你試著轉譯為視覺語言：

1.（現實版）我走在鄉間的田埂上，悠閒地哼著歌。眼前忽然出現了一隻

梅花鹿，這隻梅花鹿是公鹿，有兩隻大大的角，非常美麗。梅花鹿看著我，我的心情非常喜悅。我走近梅花鹿，摸了摸牠的頭，牠伸出舌頭，舔了我一下的手，我好開心。

2. （夢幻版）我趴在天空的雲上，空氣好清新，我深深吸了一口空氣，真是舒服。雲在飄著，我往下一看，俯瞰我的城市，許多高樓、道路、公園，人來人往，車水馬龍，原來從空中看世界是這樣的景象，好有趣。

3. （光的冥想版）我雙腿盤坐，雙手交疊於小腹前，坐在滿盈白光的大光球正中央，白色的光包圍著我。白色之光從我的頭頂，灌注到我的身體裡，流過我的頭部、頸部、胸部，再流到我的腹部。

淨白的光從我的兩側肩膀流過我的上臂、前臂、手掌，再流過我每一隻手指的指尖。

淨白的光也從我的兩側臀部流過我的大腿、小腿，再流過我每一隻腳趾的趾尖。

我的每一個細胞都發出了充滿喜悅的白色之光，坐在白色光球中央的我，正散發出柔和的白色光芒。

當你閱讀這三段文字時，若能將文字轉換成視覺，就是有良好的「視覺語言」能力，內在畫面越清晰，就表示能力越好。

你可能會說，這不就跟閱讀小說一樣嗎？的確如此，閱讀小說就是把「文字語言」轉換成「視覺語言」。小說作者是把他頭腦中的影像轉換成「文字語言」，閱讀者，則是把「文字語言」再轉換成「視覺語言」，轉換的能力越強，閱讀小說就能越融入，也越有趣。

當你的「視覺語言」能力越來越強時，內在的訊息越可能以影像的方式呈現在你眼前，舉凡前世、可能的自己、過去的訊息，或是心電感應、預知未來及靈感，都可能成為你眼前的畫面，於是你將像吉普賽女郎看水晶球一樣，看見許多來自內在的畫面。

若經常使用內在視覺，可能會感覺眉心的位置癢癢、麻麻的，甚至可能還有點痛，都表示你的內在視覺，也就是第三隻眼或天眼正在開啟，這就是許多人說的，松果體之眼漸漸開啟了。

如果你想成為魔法師，當然要開發內在視覺。

現在，是成為魔法師的第二十三個練習：

找一本書、一篇文章，或一段文字，小說、散文、詩詞都可以。閱讀其中的文字，並將文字轉化成視覺畫面。畫面呈現得越清晰越好，這將有助於開啟我的內在視覺。

25 第三隻眼與陰陽眼的不同

談起內在視覺，有些人會跟「陰陽眼」混為一談。

我在此做個澄清，所謂的「第三隻眼」並不是肉眼，即使你感覺畫面歷歷在目、如在眼前，它仍然是內在畫面。至於「陰陽眼」則是肉眼，有些人能以肉眼見到大多數人看不到的靈界鬼神，或是異次元的世界。

舉個賽斯書中的例子，比爾曾經參與某次賽斯課程，在課程中場休息時，他在浴室門口看見一個影像，由於比爾擅長繪畫，立刻將那影像畫下來。他畫的是一個頭顱很大，五官清楚的幽靈。不過，同在一個房間的約瑟與魯柏並沒有看到那個影像。

賽斯解釋說，比爾見到的影像就是他。之所以會見到賽斯的影像，是因為

比爾先經由內在感官感知到賽斯的智慧，而後再把賽斯轉變成外在感官可以感知的影像，也就是頭顱很大的幽靈。很大的頭顱象徵很高的智慧，這個影像是比爾建構的，因此約瑟與魯柏都看不到。

比爾之所以能以肉眼看到賽斯，是因為比爾有陰陽眼，因此能看到來自靈界的賽斯。

我認識多位有陰陽眼的朋友，曾有一位告訴我：「我從小完全不知道有『死亡』這件事，記得國小的時候，有位表哥意外過世，表哥家離我家很近。家人都說表哥死了，但我看到表哥依然在家。那時的我不知道只有我看得到表哥，還以為大家都看得到，因此我不知道大家為什麼說表哥死了。我心想，表哥不是好好的在家嗎？」

這位朋友就是從小有陰陽眼的體質，因此能以肉眼看到靈界。陰陽眼能看到的不只是靈界，還可能看見同時存在的異次元空間，或是同時存在的過去與未來。

比如一位五十多歲的男性朋友告訴我：「三十多年前的我高中剛畢業，某天中午我騎摩托車在高雄的馬路上。忽然間，我見到馬路旁邊還有一條鐵道，上面鋪著棧板，有多位穿著日據時代農裝的農人在鐵道上行走，還有人騎著古董型的老式腳踏車。

「騎過那段路後，我越想越奇怪，現在的高雄怎會有這樣的景觀？

「於是我將摩托車回過頭，再騎回剛剛那個路段，想看個究竟。出乎我意料的是，當我回到方才看到鐵道的路段時，不只沒有在上面行走的農人與腳踏車，連那條鐵道都不見了。

「我驚訝的愣在那裡，心理一直想，我剛剛看到的到底是什麼？」

這位男性朋友也是有陰陽眼，他以肉眼看到了異次元空間。

許多人的陰陽眼都是與生俱來的，有些人是原本就有陰陽眼體質，在因緣俱足時，經由師父開啟，就有了陰陽眼。民間流傳許多開陰陽眼的方法，比如將清明節的露水收集起來，加入楊柳，封入瓶子中，三日不見光，而後再開

瓶，將露水塗抹於眼睛上。又或是收集牛的眼淚，滴入自己的眼中，也可開啟陰陽眼，這些說法都匪夷所思，也可說是無稽之談。還有人說生吞烏鴉的眼睛也可開陰陽眼，這說法簡直荒誕。

我要提醒大家，陰陽眼大多來自天生的體質，是外在感官，如果你沒有陰陽眼的體質，並不需要執著於開啟陰陽眼。若是你想成為魔法師，真正需要開啟的是內在視覺，也就是第三隻眼，而不是陰陽眼。

不過，就連魯柏也曾經因為身為靈媒沒有陰陽眼而沮喪。例如，在比爾以陰陽眼看過賽斯後，某天比爾又來參加賽斯的課程，課程開始前，比爾聊起他曾在浴室門口看到的賽斯幽靈，聊著聊著，比爾突然說，他又感覺到幽靈就在浴室門口。聽聞比爾的話語，魯柏感覺有些失落，因為他從未有過像比爾這樣，親眼見到幽靈的經驗。

課程開始後，賽斯談到魯柏仍對靈的世界充滿懷疑，也渴望從物質層面證實靈的存在。魯柏是直覺很強的人，理當可以見到靈界的影像，可是他又是非常理智的人，強烈的理智阻礙了直覺，才使得他難以見到靈界。不過，只要魯柏持續進行心理時間的練習，他的認知一定會擴展，也將與其他層面有更多連結。

賽斯的意思是說，魯柏有陰陽眼的體質，但因為理性過於強烈，故而無法開啟陰陽眼，但賽斯也沒鼓勵魯柏開啟陰陽眼。

長時間與賽斯通靈的他，內在感官還是有了非常良好的開啟，讓魯柏跟其他層面有更多連結。比起陰陽眼，內在視覺顯然是更重要的。

如果想要成為魔法師，就請不要把陰陽眼與第三隻眼、也就是外在感官與內在視覺混為一談。沒有陰陽眼的體質並無礙於你成為魔法師，因為於你而言，比起陰陽眼，更重要的是內在視覺，這是人人都有的潛能，只要練習就一定可以開啟。

若是你想開啟內在視覺，請你繼續上一（第二十三）個練習：

找更多的書、文章或文字，小說，散文、詩詞都可以。
閱讀其中的文字，並將文字轉化成視覺畫面。
畫面呈現得越清晰越好。
越熟練的將文字轉化成視覺畫面，就能越熟練地使用內在視覺。

26 開啟內在聽覺

內在聽覺也稱為天耳通或靈聽力，就是聽到聲音，但並不是肉體的耳朵聽到，是從內在而來的聲音。

很多媽祖像的旁邊都有千里眼與順風耳兩位護衛神，千里眼使用的是內在視覺（天眼通），順風耳使用的則是內在聽覺（天耳通）。千里眼的造型有的是有一雙大大凸凸的眼睛，有的是右手舉至額前，做遠視狀；順風耳則是有一雙大大的耳朵，或者是左手舉至耳側，做聽聲狀。這些都是凸顯外在感官，但造型只是寓意，千里眼與順風耳真正使用的是內在聽覺與內在視覺。

大家聊天時，應該都開玩笑說過類似這樣的話：「我們在背後說他，他耳朵應該很癢吧？」「這兩天耳朵很癢，不知道誰在想我？」雖然是開玩笑，但

也可知大多數人都相信人有內在感官：如果耳朵癢，就可能是在接收心電感應的訊息。

那麼，內在聽覺是什麼呢？

舉個例子，電影《那些年，我們一起追的女孩》情節中有一幕是，男主角柯景騰與女主角沈佳誼吵架後，柯景騰走入大雨中，看著柯景騰漸走漸遠的背景，沈佳誼站在大雨中，朝著柯景騰，邊哭邊喊：「大笨蛋！」

如果妳是一位女性，看過這部電影後，每當與男性伴侶起爭執，感覺對方不懂妳時，妳的耳畔可能會浮現沈佳誼的影像以及她的聲音：「大笨蛋！」這就是內在視覺與內在聽覺。

你或許會問，這不是看過電影後，頭腦的回想嗎？

頭腦的回想與內在聽覺的區別是：頭腦的回想是用大腦，當你的大腦想著聽過的某句話時，比較可能想起那句話的文字；內在聽覺則會從大腦中「聽到」聲音，聲音跟字句都很清晰。

這就像學生時代上完課後，同學們有時會一起聊老師上課的內容。如果是回憶老師提過的某個知識，通常頭腦中出現的是「文字」。而若是回憶老師再三強調的某個重點，或是說過的某個笑話，頭腦中浮現的可能是老師的「影像」與「聲音」，看到老師的影像是內在視覺，聽到老師的聲音則是內在聽覺。

內在聽覺能聽到不只電影、電視或回憶的聲音，還可能聽到來自前世、可能自己、過去的訊息，以及心電感應、預知未來或靈感的聲音，這些都是內在訊息。內在自我將內在訊息傳遞給外在自我，外在自我再轉譯成聲音，就成了內在聽覺聽到的聲音。

說個賽斯書中的故事，約翰某天在跳舞場遇見一個女人，當他想跟那女人攀談時，突然聽到一個男人的聲音對他說：「不，不要。」

後來賽斯告訴約翰，那就是賽斯的聲音。賽斯之所以要阻止約翰跟那個女人說話，是因為那個女人的背景非常複雜，如果約翰與她來往，將被她糾纏

住，難以脫身。

賽斯說，不只約翰可以聽到他的聲音，其他人也可以，只是大多數人的自我都會抗拒外來的事物，因而無法跟賽斯連結。而且，賽斯也說，這樣的事不見得會發生在其他人身上，因為賽斯對約翰說話是一種心靈行動，約翰必須跟賽斯的頻道相應，才能接收賽斯傳來的電磁實相，並轉譯為自己能懂的話語。約翰聽到的並不是真正的聲音，而是接受賽斯的電磁實相後，從他內在浮現的聲音。

賽斯解釋得很清楚，約翰聽到的聲音就來自內在聽覺。

如果你想開發內在聽覺，就必須常常練習「聽覺語言」。所謂的「聽覺語言」，就是某個意念在頭腦中以聲音呈現。越熟練地使用聽覺語言，內在的訊息就越能轉譯為聽覺語言。

若想熟練地使用聽覺語言，就要常常練習將文字語言轉譯為聽覺語言。

下面的五段文字，請你轉譯為聽覺語言：

1. 爸爸或媽媽呼喚你的聲音。
2. 某個人曾經對你說過，讓你印象深刻的一句話（例如：在我心中，你是最棒的）。
3. 常聽的一首歌。
4. 蛙鳴、蟋蟀叫、鳥叫的聲音。
5. 瀑布的聲音。

如果你閱讀這五段文字時，可以將文字轉換成聲音，就是有良好的「聽覺語言」能力，聽到的內在聲音越清晰，就表示「聽覺語言」能力越好。

開發內在聽覺，能讓你接收更多內在訊息，如果你想成為魔法師，當然要開發內在聽覺。

現在是成為魔法師的第二十四個練習：

將更多文字轉化成內在的聲音，聲音呈現得越清晰越好，這將有助於開啟內在聽覺。

27 內在嗅覺、內在味覺、內在觸覺

這一節要談的是內在嗅覺、內在味覺與內在觸覺。

歌手王心凌的歌〈愛你〉有段歌詞是：「如果你突然打了個噴嚏，那一定就是我在想你。」這段歌詞說的就是心電感應到情人的意念，因此打了個噴嚏。歌詞很有趣，如果你喜歡唱這首歌，應該也會相信內在的感應可以讓鼻子打噴嚏，不過，這還不是內在嗅覺。

所謂的內在嗅覺也稱為靈嗅力，並不是肉體鼻子的嗅覺，而是從內在感應到氣味。就像你想起情人時，你可能會同時從內在聞到他常用的香水味道。

說個故事，一位女性朋友說：「我媽媽已經過世五年了，一直到現在，我只要聞到家裡有綠油精的味道，就知道媽媽回來了。

「我結婚以後跟先生、女兒住在一起，媽媽生前常來我們家，她很常用綠油精，每次來我們家，身上幾乎都會飄出綠油精的味道。

「媽媽過世後，我們家不再有人使用綠油精，也沒買過綠油精，但奇妙的是，在她過世後不久的某天，我忽然聞到家裡都是綠油精的味道。我告訴我先生，他說他沒聞到，那時我就心想，是媽媽回來看我了。

「直到五年後的現在，我多次在家裡聞到綠油精的味道，家人還是都沒聞到。我相信媽媽即使離開這個世界，還是關心著我。」

這位朋友就是用內在嗅覺聞到綠油精的味道，當她聞到時，並不見得是媽媽來到她家，而更可能是她跟靈界的媽媽有所感應後，外在感官將跟媽媽的感應轉譯為代表媽媽的綠油精味道，她也就從內在嗅覺聞到這個味道了。

再說個我自己的故事。我跟太太交往時，她家養了一條有著濃郁體味的博美犬。養過狗的朋友都知道，那樣的體味大多是洗也洗不掉的。

太太很愛那隻博美狗，但在結婚一年多後，某一天太太的媽媽打電話告訴她，博美狗因病去世了，太太因此難過得淚漣漣。

奇妙的是，就在狗過世幾天後，有天我下班回到家，居然聞到家裡都是那隻博美狗的體味，我問太太：「咦！是妳們家的狗回來看妳了嗎？怎麼都是牠的味道。」太太卻說她沒聞到。我心想，或許是狗跟我心電感應，讓我告訴太太，牠走後一切安好，因此我才會從內在嗅覺聞到最能讓我想起狗的濃濃體味。

如果你想成為魔法師，當然需要開發內在嗅覺，而若想開發內在嗅覺，就必須常常練習「嗅覺語言」。所謂「嗅覺語言」，就是某個意念在頭腦中以氣味呈現。若想熟練使用嗅覺語言，就要常常練習將文字語言轉譯為嗅覺語言。

例如，下面三段文字，請轉譯為嗅覺語言：

1. 玉蘭花的香味
2. 香蕉的香味
3. 檜木的香味

當你閱讀以上三段文字時，若可以將文字轉換成氣味，就是有良好的「嗅覺語言」能力。聞到的內在氣味越濃郁，表示你的「嗅覺語言」能力越好。開發內在嗅覺，能讓你接收更多內在訊息。

現在是成為魔法師的第二十五個練習：

將更多文字轉化成內在的氣味，氣味呈現得越濃郁越好，這將有助於開啟內在嗅覺。

接著，談談內在味覺。

所謂的內在味覺也稱為靈嚐力，並不是肉體舌頭的味覺，而是從內在感應到味道。

說個「望梅止渴」的故事。三國時代的曹操帶著軍隊出征，行軍數日後，天氣炎熱，士兵們水壺中的水都喝光了，大家又熱又渴。

曹操於是心生一計，對士兵們說：「兄弟們，前面不遠的地方有一大片梅林，梅樹上結滿了又酸又甜的梅子，可以生津止渴。」

士兵們聽聞曹操的話，頭腦中都浮現了梅子那酸中帶甜的滋味，口水也不禁流了出來，於是就沒那麼口渴了。

這個故事中的曹操就是運用內在味覺，讓士兵們的頭腦中浮現梅子酸酸甜甜的味道，因而刺激口水分泌，生津止渴。

再說個「巴夫洛夫的狗」的實驗。科學家巴夫洛夫發現狗見到食物會流口水，於是做了這樣的實驗：在他每次送食物給狗吃之前都先搖鈴，重複幾次之後，他發現只要搖鈴，即使沒有送上狗食，狗還是會流口水。

為什麼狗聽到鈴聲就會流口水呢？這是因為狗聽到鈴聲時，即使肉眼沒看到食物，內在視覺還是見到了食物，內在味覺也浮現了食物的味道，因此才不由自主的流出口水。

如果你想成為魔法師，當然需要開發內在味覺，而若想開啟內在味覺，就必須常常練習「味覺語言」。所謂「味覺語言」就是，某個意念在頭腦中以味道呈現。若想熟練使用味覺語言，就要常常練習將文字語言轉譯為味覺語言。

下面三段文字，請你轉譯為味覺語言：

1. 媽媽（或爸爸、太太、先生）的拿手好菜（比如紅燒魚、番茄炒蛋、滷牛肉）的味道。
2. 常去吃的一家餐廳的招牌菜（比如砂鍋魚頭、麻辣臭豆腐）的味道。
3. 常喝的飲品的味道（比如你家的白開水、常喝的茶品或咖啡）。

如果你閱讀這三段文字時，可以將文字轉換成味道，就是有良好的「味覺語言」能力。內在的味道越濃郁，就表示你的「味覺語言」能力越好。

開發內在味覺，能讓你接收更多內在訊息。

現在是成為魔法師的第二十六個練習：

將更多文字轉化成內在的味道，
味道呈現得越濃郁越好，
這將有助於開啟內在味覺。

接下來，要談談內在觸覺。

所謂的內在觸覺也稱為靈觸力，並不是肉體真正與其他人或事物碰觸，而是從內在感應到身體與其他人或事物碰觸的感覺。

人們常說眼皮跳是一種對未來的預警，也有人說「左眼跳財，右眼跳災」，可知很多人相信身體可以與內在的訊息相連結。

例如當你想起小時候疼你的爺爺奶奶，會有溫暖的能量流進你，就彷彿爺爺奶奶在愛著你、安撫著你，你會感覺很舒服，也很感動，這就是內在觸覺。

如果你想成為魔法師，當然需要開發內在觸覺。而若想開發內在觸覺，就必須常常練習「觸覺語言」。要想熟練地使用觸覺語言，就要常常練習將文字語言轉譯為觸覺語言。

下面的六段文字，請轉譯為觸覺語言：

1. 撫摸著嬰兒肌膚的感覺。
2. 撫摸著一隻狗或一隻貓的感覺。
3. 赤腳踩在草地上的感覺。
4. 微風吹在臉上的感覺。
5. 被愛人抱著的感覺。
6. 被白色的光籠罩著的感覺。

當你閱讀這六段文字時，若可以將文字轉換成身體的感覺，就是有良好的「觸覺語言」能力。內在身體感覺越鮮明，表示「觸覺語言」能力越好。開發內在觸覺，能讓你接收更多內在訊息。

現在，是成為魔法師的第二十七個練習：

將更多文字轉化成身體的感覺，
感覺呈現得越鮮明越好，
這將有助於開啟內在觸覺。

28

頭腦越清明，內在感官越清晰

如果你想開發內在感官，就必須熟悉六種內在語言，即：

1. 文字語言（包含口語及文字）
2. 視覺語言
3. 聽覺語言
4. 嗅覺語言
5. 味覺語言
6. 觸覺語言

當內在感官接收訊息時，可能以文字語言、影像、聲音、氣味、味道或身體感覺等方式呈現，因此，若能熟練上述六種內在語言，就能更全面及深入的接收內在訊息。

賽斯說人有九種內在感官，可以感知九種不同的訊息（見22〈認識內在感官〉）。

以第一種內在感官為例，這是一種直接性的知覺。比如你站在一座有許多大樹的公園裡，想要認識一棵樹，第一種內在感官會讓你真實感受身邊每一棵樹的基本感覺。

所謂「真實感受」身為一棵樹的感覺，就像當你感知一個小男孩爬在樹上，摘起樹上的果子來吃，開心的笑時，你可能會以視覺語言看到小男孩的影像、以聽覺語言聽到小男孩的笑聲、以嗅覺語言聞到清新的樹葉氣味、以味覺語言嚐到果實的甜美、以觸覺語言感知小男孩爬在樹上的感覺，於是你完整經驗了小男孩爬在樹上吃果子的感覺。

再比如第四種內在感官，牽涉到對某個觀念的直接認識。以我而言，寫作時接收內在的靈感就是使用第四種內在感官。接收靈感大多使用文字語言，也就是我的靈感幾乎都會以文字或語言從頭腦浮現出來，我也因此直接認識了某個觀念。

九種內在感官並不見得一次只使用一個，也可能一次使用好幾個。比如第一種內在感官與第三種內在感官可能同時使用，你可以使用第一種內在感官感知一棵樹，同時使用第三種感官感知那棵樹的過去與未來。

開啟內在視覺、內在聽覺、內在嗅覺、內在味覺、內在觸覺，也就是靈視力（天眼通）、靈聽力（天耳通）、靈嗅力、靈嚐力、靈觸力，你將全面接收來自內在的訊息。此外，你還必須使用賽斯說的第二種內在感官，也就是進行心理時間的練習，亦即靜心或靜坐，這將讓你切換與轉移意識，感知更多內在訊息。

大腦之所以能接收到內在感官的訊息，是內在感官接收內在的訊息，再傳遞給外在自我，外在自我再經頭腦轉譯，才成為頭腦接收的內在訊息。

那麼，頭腦有可能轉譯錯誤，使得內在的訊息被扭曲嗎？

這的確是有可能的。

賽斯曾說他經由魯柏說法是將訊息傳到魯柏的內在感官，又因為魯柏的心智對這些資料沒有任何偏見或抗拒，資料才得以正確無誤的傳達出來。

即使如此，在魯柏一開始口述時仍有些微扭曲。

比如有一次約瑟夫妻邀約比爾一起來參與課程，為賽斯通靈做見證，但直到課程開始，比爾都沒出現。想不到課程進行幾分鐘後，魯柏忽然說了句：「比爾來了。」然而，約瑟左顧右盼，都沒看到比爾的蹤影。

賽斯解釋說，這句話是魯柏的潛意識造成的扭曲，那時魯柏才剛開始為賽斯通靈，因為擔心他的潛意識有可能扭曲賽斯的原意，於是變得戰戰兢兢，唯恐出錯，但越擔心就越容易出錯，過度的擔心造成了訊息的扭曲。

幸而隨著魯柏的不斷練習，在他通靈不久之後，越來越有信心，內在感官

的感知能力越來越強，感知的訊息也越來越精確，我們因此才能讀到準確表達賽斯原意的賽斯書。

賽斯還說過，有些宗教人士也曾經收到過像他這樣的高靈傳來的訊息，但因為他們的潛意識扭曲了資料，因此傳達給世人之後，反而造成迷信。

有位名為佩特的女性前來參與賽斯的通靈課程，她曾拜訪過的一位女靈媒預言她此生永遠不會幸福。

賽斯說這位女靈媒有病態人格，總是把自己的負面情緒投射給求問於她的人。她的人格是樂於引發別人恐懼感的精神病人格，因此賽斯建議佩特完全不必理會她。

這位女靈媒的頭腦充滿了悲觀思維，因此當她以內在感官感知佩特的未來之後，再經由她悲觀的頭腦轉譯，感知到的就是佩特悲慘的未來。

賽斯認為這樣的感知完全不足為信。

可知若想擁有清晰的內在感官，並精確的轉譯內在訊息，除了要熟練六種內在語言之外，還要減少大腦的負面思維，因為負面思維往往會造成轉譯的扭曲與錯誤。

覺察與轉化想法可以消融負面思想，讓大腦的思想更正面。接著，我會繼續引導大家減少頭腦的負面思維，讓大家都有清明的大腦。大腦越清明、思想越正面，收到的內在訊息越不會被扭曲，也就越真確。

29 擴展外在感官的感知力

前文（見25〈第三隻眼與陰陽眼的不同〉）曾提及，內在視覺（第三隻眼、天眼）不是陰陽眼，是內在感官，陰陽眼是外在感官，兩者並不一樣，不能混為一談。

內在視覺敏銳的人並不見得外在視覺也會有陰陽眼，比如知名的保加利亞靈媒龍婆（巴巴．萬佳）是一個盲人，她十二歲時在一場意外中失去了視力，然而，就從那時開始，她會看見「幻相」，亦即預知未來，即是來自內在視覺。

龍婆的預言最久到西元五千年左右。有些預言公認準確，比如預言歐巴馬當選總統，也有些預言明顯錯誤，還有許多預言模稜兩可，解讀者各有不同的見解。之所以會有預言準確與不準確的差異，除了未來會被現在改變之外，也可能預知未來的訊息經由內在感官傳遞給龍婆，再經由龍婆的外在自我轉譯，產生的視覺影像有所扭曲，因而造成預言失真。

眼盲的龍婆沒有外在視覺，只有內在視覺，但她仍是出色的靈媒。從龍婆的經驗可以明白，內在視覺與外在視覺並沒有絕對關係，內在視覺敏銳的人並不見得同時也有外在視覺的陰陽眼。

雖說外在感官與內在感官沒有絕對關係，但大致說來，越是開發內在感官，越能同時擴展外在感官的感知力。

賽斯說人在開發內在感官時，外在感官往往也會更擴展。外在感官感知及創造外在世界，內在感官則感知及創造內在世界，一個外在感官遲鈍的人，內在感官也是遲鈍的，因此若想開發內在感官，就必須擴展外在感官的感知力。

何謂「外在感官遲鈍」呢？春秋時代的老子說得好：「五色令人目盲，五音令人耳聾，五味令人口爽。馳騁畋獵令人心發狂，難得之貨令人行妨。」

這段話的意思是說，一個人如果太聚焦於「重口味」的外在感覺，外在感官就會越來越遲鈍，比如眼睛老是看電玩手遊等強烈聲光效果的畫面、耳朵老是用降噪耳機聽重金屬音樂等強烈刺激耳膜的聲音、舌頭常常吃太甜太鹹太辣的美食、心裡老是想著要買更好更貴的東西，這樣的人外在感官就會越來越遲鈍。

若是想讓外在感官變得更敏銳、更擴展，就必須偶爾關上外在感官，感受內在的自己，這就是賽斯說的進入心理時間，也就是靜坐或靜心。

一個人的心若是靜下來，也就是頭腦的思慮減少，腦波會從β波漸漸改變成α波，而當腦波狀態不同時，意識狀態也將隨之不同，感官也就不同了。

當一個人的腦波從β波漸漸改變成α波時（兩種波不是兩種絕對狀態，也不是從此波跳到彼波，而是漸漸改變的），感官會從外在感官進入介於外在感官與內在感官之間的狀態，因此他的外在感官會擴展，不只能接收外在的訊息，也能接收內在的訊息。

比如人在入睡之前，如果關上燈，躺在床上，心靜下來，有時會看到眼前出現了光，很多人看到的都是白色或藍色的光，也有人看到橘色或其他顏色的光，這樣的光是來自內在的光。

光有可能單一光點或多重散布的光點，也可能是旋轉的光點，還可能是像極光一樣，閃電般的光條，如果你看見了光，越注視眼前的光，光就越亮。

而當你專注於眼前的光之後，會看見一些影像，這樣的影像就是來自內在視覺。你看到的可能是來自內在自我的訊息，包括前世的訊息、可能自己的訊息、過去的訊息、心電感應、預知未來或靈感，也可能是大腦順隨情感與思想投射的影像。

當你在白天睜開眼睛時，可能還是會看見光。而若是你看向空氣中，可能會見到空氣中瀰漫著許多光點閃爍、飄動。白天的太陽光與燈光會干擾你看這些光點，清晨、黃昏與夜間都能讓你更清楚的看見光點。

除了看見眼前的光之外，如果你進行一段時間的靜心，心靈較為平靜，腦波漸漸呈現為α波，當你看著身邊的事物時，比如看著自己的手指，或是看著自己或別人的皮膚，你會看到上面泛著一層光，這就是「人體輝光」。而若是你看著植物上的葉子，也會見到上面泛著一層光，人體的光跟葉子上的光都可能像水蒸氣一樣流動，或是像裊裊炊煙往上飄。陽光與燈光都會干擾你看這樣的光，清晨、黃昏與夜間能讓你將光看得更清楚。

而若是你看著一面牆壁，你可能會看到牆壁也泛著一層光，也可能看見牆壁上泛著幾何圖形，還可能看見光或是能量彷彿波浪般的流動。

如果你低頭看著地面，可能會見到看似堅實的地面或地板像河流一樣流動，是會波動的。

當你看到的景象跟你以往所見的景象不一樣時，會感覺你身處的空間比以前更清新明亮，也可能感覺這是一個不同以往的新環境，還可能感覺空間更立體，這些感覺都只能意會，總而言之，你將因此而有新鮮又愉悅的感覺。

有人也將這樣的視覺也稱為第三隻眼，這種第三隻眼是介於外在感官與內在感官之間的視覺，當內心平和，腦波偏 α 波，外在感官不那麼對焦在物質外境時，第三隻眼就會自然而然的開啟，也就能看到不同於全然對焦於外在感官的景象。

除了第三隻眼之外，當一個人的心靈寧靜，腦波偏α波時，耳朵會聽到持續不斷的「唵」聲，這是來自內在的聲音，它不是耳鳴，耳鳴會讓人感覺煩躁，來自內在的「唵」聲則會讓人心靈更平靜。

眼睛可以見到光、耳朵可以聽到來自內在的「唵」聲，即是外在感官的感知力擴展了。當你的內心平靜時，既可開啟內在感官，也可以擴展外在感官，這就像賽斯說的，擴展外在的感知力，就能開發內在感官。

如果你想成為魔法師，當然要擴展外在感官的感知力。

現在是成為魔法師的第二十八個練習：

靜下心來，讓心靈平靜，腦波漸漸從β波改變成α波，
再以眼睛與耳朵用心感受，
看看，看到了什麼？又聽到了什麼？

30 改變意識狀態

不同的意識與人格會呈現不同的腦波型態。科學上將腦波分為β、α、θ、δ等四種主要型態，平時對焦於外境、思緒較為複雜焦慮時的腦波是β波，這也是外在自我常見的腦波。思緒較平靜或進入心理時間、靜心、靜坐時的腦波是α波。睡眠中的腦波則是θ或δ波。

腦波與意識狀態相關，從腦波可以知道，一個人至少有三種主要的意識狀態，不同的意識狀態呈現的人格也各自不同。當腦波是β波時，內心比較容易焦慮、緊張、憤怒，思想也較可能出現受害者意識，而當腦波轉為α波時，內心就較為平和、喜樂，思想也較為樂觀正面。

很多人都喜歡到寺廟或教堂參與宗教活動，比如共修、參禪、禮佛、讀

經、頌咒、見證、祈禱或唱聖歌。這是因為在進行宗教儀式或活動時，人的心靈會比較寧靜喜悅，腦波也會從β轉成α波。腦波轉變之後，人會從內心萌生喜樂，也可能感動得流下淚水，還可能感覺能量飽滿，外在感官因此擴展了感知力，因而感受或聽聞異象。

也有許多人喜歡參與心靈課程，有些人在參與心靈課程時會感受到跟宗教活動一樣的平和喜悅。在課程中經由老師引導，頭腦會從焦慮煩憂轉為喜悅平靜，腦波也隨之從β轉成α波，內心因而萌生了喜樂與感動。

除了參與宗教儀式與活動，或是參加心靈課程之外，如果你想讓內心平和喜悅，也可以練習靜心或靜坐，這就是賽斯說的進入心理時間。靜心能讓你的思緒和緩，心靈平靜，腦波也會從β轉成α波，你將因此而有平和喜悅的意識與人格。

如果你還沒練習過靜心，請依照以下的導引：

靜心的準備

地點：選定一間靜室，關上房門，打開窗戶，讓空氣流通。關掉手機。

服裝：穿著宜寬鬆舒服。

坐具：可用坐墊、折疊的毛巾，或適用的椅子。

坐姿：可以單盤坐——以左腳置於右腳上，或以右腳置於左腳上。或雙盤坐——以左腳置於右腳上，再以右腳置於左腳上。若無法盤坐，請選擇你最自然的坐姿。

身姿：放鬆身心，端身正坐，兩眼微睜，下顎略收，舌尖微抵上顎，雙臂自然下垂，背部自然平直。

靜坐下來之後，請你這麼默念，並順著頭腦裡的話語冥想：

頭部——放鬆——

頸部——放鬆——

肩膀——放鬆——

胸部——放鬆——

腰腹部——放鬆——

臀部——放鬆——

雙手——放鬆——

雙腳——放鬆——

全身細胞——放鬆——

脈輪——開啟——

頭腦——放空——

全身放鬆後，建議用「數息」的方法，讓你的心靜下來。

數息：將意識的焦點集中到你的呼吸，讓呼吸慢慢加長、加深。接下來，你可以將意識的焦點對準鼻尖，從鼻尖感覺呼吸的一進一出，再順著每一呼或每一吸數「一、二、三、四、五、六、七、八、九、十」，數到十後，再從一到十，周而復始重複地數鼻息，漸漸地，呼吸就會轉成柔細綿長了。

除了將意識的焦點對準鼻尖外，也可以對焦於丹田或胸口，總而言之，只要將意識的焦點從頭腦的思想轉移開，心就會慢慢地靜下來。

如果你沒有練習過靜心，一開始靜心五分鐘即可，若是你已經練習了一段時間，將可以一次靜心四十分鐘到一小時以上。

你無法知曉自己的腦波狀態，但當你的心靈漸漸平靜時，可以感受一下思緒，你會發現受害者意識減少了，焦慮、煩憂、憤怒的情緒也大幅減少，你還會發現耳朵中有持續的「唵」聲。如果你閉著眼睛，或許還可以見到光。而若是你張開眼睛看著牆壁或一幅圖畫，你可能會發現你看到的景象跟原本看到的不太一樣，這是因為你連結上內在感官，外在感官的感知力也擴展了。

以我自己為例，我有靜心的習慣，有空時我就會靜心一下，此外，每天睡前，我也會觀照呼吸，讓內心平靜，這時我會感覺耳畔的「唵」聲越來越大聲，尤其是萬籟俱寂時更是大聲，這就是內在傳來的聲音。於是我會聽著內在傳來的聲音，看著眼前呈現從內在而來的影像，我知道那時我的腦波從β波轉成了α波，而後我進入半睡半醒的狀態，也就漸漸睡著了，睡著之後腦波就轉變成了θ或δ波。

在不同的意識狀態下，人的感官狀態也不同，我發現這是很好的參考。我對「唵」聲比較敏感，當我情緒較焦慮時，是聽不到「唵」聲的，而當我內心較平靜時，就會自然而然地聽到「唵」聲。因此，當我心情較煩亂時，會試著讓自己靜心，如果我聽到了「唵」聲，就會明白我的腦波頻率較和緩了。

當我內心較平靜時，不只能接收從內在來的「唵」聲，更能接收靈感及其他內在訊息，比如在我寫作時，耳畔的「唵」聲持續不斷，靈感也源源不絕的湧入。講課時也是如此，當我耳畔有持續的「唵」聲，靈感也會流進來，有了豐沛的靈感，講課的內容往往會比我的備課內容更豐富。

如果你想成為魔法師，請你也要覺知自己意識狀態的改變，並學習轉變自己的意識狀態。

現在是成為魔法師的第二十九個練習：

說說當下的思想、情緒與感官狀態。

接著，靜心一段時間，再感受一下，

當心靈平靜時，思想、情緒與感官狀態有什麼不同？

31 認識出體

接著，要談的是切換意識，進入其他維度（世界）。

一個人的靈體若是離開肉體就稱為「出體」，而若是出體後前往遠方或其他維度（次元），即稱為「出體投射」。

「出體」分為醒時出體跟夢中出體，醒時出體跟陰陽眼一樣，大多來自體質。有些人與生俱來就有出體的能力或體質，再經由引導或開啟，就能順利出體。

魯柏與約瑟兩人都有醒時出體的體質，魯柏剛與賽斯通靈時，首度出現出體（也稱出離或出神）狀態。那天晚上他先進行了水晶凝視法，也就是專注地看著一個裝滿水的圓形玻璃瓶，而後跟約瑟聊天，就在此時他感受到一股奇怪的感覺，他覺得自己昏昏欲睡，於是坐到搖椅上。此時身體沉重的他，竟感覺感官極為敏銳，緊接著，他發現自己的身體很輕，幾乎沒有重量，原來他已經進入了出體狀態，也就是他的靈魂離體了。

在與賽斯通靈時，魯柏總是進入出體（出神）狀態，沒與賽斯通靈時，魯柏也常練習出體，比如魯柏到牙醫診所洗牙向來都會劇烈疼痛，因此必須使用麻醉劑止痛，然而，就在某天早上，魯柏前往洗牙前先進入了出神狀態，並暗示自己一切都會很順利，而後竟在沒有使用麻醉劑之下輕鬆洗好牙。

因為常常進行出體，魯柏越來越熟練出體。某天高中老師佩特前來參與賽斯的通靈課程，賽斯說了一段很長的話要送給佩特任教班級的學生，就在賽斯說法的同時，魯柏也出體投射到了佩特位於波士頓的教室。

賽斯建議約瑟，如果魯柏正在進行出體投射，可以問此時的魯柏：「你在那裡嗎？」「你看到了什麼？」這將有助於出體中的魯柏探索投射環境。

賽斯說當你進行出體時，會處於某種身體形式。身體形式是必要的，因為你無法想像沒有身體的本體。夢中出體的身體形式稱為夢體，醒時出體的身體形式稱為靈體，兩者是類似的。出體時你最常使用的身體形式是夢體，也就是靈體，它無法穿牆而過，可以漂浮，但範圍很有限。

如果你熟練出體，可能出體投射到不同的次元。在不同的次元會採用不同的身體形式，賽斯稱之為心智形式。

與靈體不同的是，心智形式可以穿越物質，也可以在太陽系中漂浮。心智形式有三種形式，第一種形式可以感知過去、現在與未來，但範圍有限，第二種形式感知的範圍更大，在夢狀態與他人相見，就是用這種形式，第一與第二種心智形式的出體都只能在太陽系以內。第三種形式可稱之為真正的投射形式，它可以到太陽系之外旅行，也可以探索物質系統與其他系統的過去、現在、未來。出體時你可以依自己的能力選用適合的心智形式。

這三種心智形式可以簡稱形式一、形式二、形式三。形式一是從夢投射出來，時間很短暫，因此會多次投射，投射經驗會保存在夢中。

形式一之旅是在物質系統，有可能牽涉過去、現在、未來，但大多仍跟地球連結，比如你可以回到大清光緒八年的北京。也可能遇到來自潛意識的幽靈，如果你覺知自己在投射，你可以命令幽靈消失，他就會消失。

你可以從形式一轉變為形式二，在形式二中，不會遇到幽靈。形式二的投射時間較久，可能會看見過去、未來或不會在物質世界成形的架構。比如你會發現你在某部小說的場景裡，你以為那是虛幻的夢境，但那是真實的。你還可能以小兵的身分，投射到某將軍頭腦中計畫的戰爭，因而感覺恐懼，但你不會受傷。

在形式二中，你可能投射到未來，並改變未來，種種的投射經驗都能讓你學習。不論遇到任何投射的境遇，都必須學習穩住本體。

不同形式的投射會使用不同的內在感官，使用第一種形式投射你可以回頭看到自己的身體，若從第一種形式投射成第二種形式，就不會再看到你的身體。而若是再投射成第三種形式，將會專注在非物質世界的系統。第三種形式

的投射是有危險的，投射時間越長越危險，因為當你要返回肉體時，可能會不認識自己的肉體，並因此迷失。這是因為在第三種投射中，你沒有帶著自我的記憶。

不過，賽斯告訴大家不用擔心，因為你會使用哪一種形式投射跟你的能力是一致的，因此人們的投射大多採用第一種或第二種形式。

醒時出體投射大多來自與生俱來的體質，因此並不是人人都能醒時出體。或許你並沒有醒時出體的能力，但上述的出體知識仍需大致了解，因為你會在夢中出體。夢中出體是人人都有的能力，每個人都會從夢中出體接收訊息。

內在感官也能接收內在訊息，而出體與內在感官不同的是，內在感官接收到的是內在傳來的訊息，出體則是直接接觸訊息，夢中出體時，會直接接觸前世、可能的自己、過去、未來、他人，還可能跟更高智慧的靈體或甚至與外星智慧生命接觸，將因此開啟更多智慧。你也會在出體時遊歷不同於物質世界的維度，因而增加更多經驗。

大多數人因為不知道自己會在夢中出體，因此出體後都不明白自己曾經出體，往往也不知得到的夢中訊息為何義。而若是你明白你會在夢中出體，就可以把醒時學到的知識用於夢中出體，也可以知曉出體時經歷了什麼過程，還可以在出體後帶回更多訊息，而在醒來後擁有更豐富的知識與智慧。

32 這麼做，有助於夢中出體

有些朋友在聽聞夢中出體後，打趣地說：「那我要好好開發夢中出體的能力，這樣就能在夢中出體時免費看電影、免費上課，真是太美妙了。」

這說法很有趣，但大多數人只怕無法美夢成真，因為夢中出體的真實經驗大多會在醒來後忘記。不過，即使如此，出體時經歷的前世、可能的自己、過去、未來、接觸到的更高智慧靈體、外星智慧生命，都將轉化為夢境或形成內在知識與智慧，還可能成為創意的靈感。

如果想成為魔法師，並不是非得學會醒時出體不可，因為你不一定有醒時出體的體質，但即使不會醒時出體，還是會在夢中出體。若你希望更常、更順利在夢中出體，獲得更多內在智慧，賽斯建議了一些幫助你出體的方法，不妨嘗試看看。

賽斯說出體投射之前，肉體必須先發生化學反應，做夢也是如此，當醒時的化學物質累積過多時，就會經由做夢釋放。投射需要的化學反應更強烈，而且必須經過訓練，未經訓練的人過剩的化學物質只會形成夢，因為他不會投射。

當一個人的心智活動越強烈時，累積的化學物質越多，就越可能投射。強烈的性慾或內在慾望若沒有得到釋放，都可能誘發投射。飲食中的蛋、蘆筍、魚油較容易誘發投射，但若這些食物跟酸性食物一起吃就沒這效果了。

夢中的投射通常發生在凌晨三到五點之間，下午五點也有利於投射。飲用純水也有助於投射，但膀胱必須是空的，不然會因尿意而醒來。南北向的睡姿最有利於運用能量來投射。

偏涼的體溫、攝氏二十三・五到二十四・九度之間的室內或室外溫度最有

利投射，濕度不能太高。房內以冷色調為佳，暖色系不利投射。二、三、五、十月氣候較涼，最有利於投射，四、八、九月可能是有利的，太暖和的天氣則是不利的。經由投射，就能確信自己的非物質面向是存在的。

進行投射時，會大量分泌腎上腺素、甲狀腺素，也會分泌性激素，投射完成後這些激素就會下降，體溫、血壓也會下降，做夢時的快速動眼會停止，肉體處於極度放鬆狀態。意識返回肉體時，肉體會有點僵硬。

糖可以幫助投射後的意識返回肉體，因此若要練習夢中投射，賽斯建議睡前吃個小點心，酒則幫助不大，魯柏月經前也是練習投射的好時機。

睡前暗示自己做清醒夢，或者睡前躺在床上，想像自己離開身體，走在院子裡，也有助於投射。

當你投射時，可能會遇到死後猶存的人格（鬼），也可能投射到可能的未來，或許還會遇見未來的自己，並因此改變未來。賽斯說如果投射時遇到他人，可以告訴他，他也在投射，但千萬別碰他。

在投射的過程中，你會經驗到沒有形成物質的心智能量，它可能是障礙，也可能是推力，帶領你到別的系統的就是這股能量。這時意識與本體都會擴展，意識將極度自由。投射中採用的心智形式可能是人格死後將會採用的形式，有些人會在夢中看到死去的自己，就是因為他們看到了自己投射的形式。

賽斯還建議睡前洗個溫水澡，而非熱水澡，可以稍微吃點東西再入睡，但不要吃太飽。睡覺時要保持溫暖舒適，棉被不要太重。準備一本筆記本來記夢，並在睡前做這樣的暗示：想像早晨打開記夢的本子，看到自己寫下了很多文字，詳實記下夢境。這將有助於夢中出體的記憶。

很多人的夢中投射經驗都會轉化成夢境，醒來後或許會記得夢境，卻不記得夢中投射的真實經驗，這樣的夢可說是普通夢。普通夢和投射夢是不同的，所謂的投射夢是指帶著覺知的意識投射，醒來後也會記得投射經驗的夢，約瑟跟魯柏都會做投射夢。

賽斯說約瑟夫妻大多把多餘的化學能量用在創作，不過，他們可以創造更多的能量，比如練瑜珈，也有助於投射。賽斯還建議他們暗示自己會在夢中投射，因為信念創造實相，只有相信自己會投射才會投射。

約瑟一開始對出體投射有點害怕，尤其是靈體出體時，他老是擔心會墜落。賽斯建議約瑟醒時暗示自己夢見坐飛機，這樣他就會創造夢中坐飛機，也就不會擔心出體時墜落的問題。出體時會依心念創造形體，比如想到一隻狗就創造出一隻狗。

賽斯說約瑟與魯柏常以投射的方式在夢中一起旅行，因此建議他們，如果決定在夢中一起出體，就預留兩個半小時，前面的時間是準備時間，可以在睡前約好見面地點，比如凌晨三點在客廳相會。約瑟可以在客廳放一件對他而言情感較強烈的物體，比如未完成的畫，因為心繫那幅畫，他會更記得要在夢中出體到客廳。而若是魯柏先在夢中發現自己在投射，他可以以靈體的形式喚醒約瑟一起投射。

如果你想成為魔法師，或許你並不像約瑟與魯柏可以清楚的記得投射夢，但你仍必須確信你會在夢中出體投射。

現在是成為魔法師的第三十個練習：

依循賽斯所說的增加夢中出體的方法，
嘗試做其中幾種，
再觀察夢境跟平常的夢境有什麼不同。

33 覺察你的想法

談內在感官時我們說過，大腦之所以能接收到內在感官的訊息，是內在感官接收內在的訊息，傳遞給外在自我，外在自我再經頭腦轉譯，才成為頭腦接收的內在訊息。

而若是頭腦的轉譯錯誤，就可能造成內在訊息的扭曲。賽斯也曾說過，當一個人負面情緒強烈時，出體後見到的往往也都是負面實相，因此只有在祥和的心境下才適合進行出體。

可知頭腦的思想非常重要，如果一個人常常都有負面思想，他將比較可能吸引負面的內在訊息，而若是他接收到的是正面的內在訊息，他的負面思想也可能將正面訊息扭曲為負面訊息。

此外，因為人的信念會創造實相，一個人若是常常有負面思想，當他出體時，很可能見到的都是負面實相。

賽斯因此說，頭腦充滿負面思維的人並不適合進行出體。

一個常常有負面思想的人不只會扭曲內在訊息，也會扭曲外在訊息。比如一位女性對自己的外貌很沒自信，常常嫌棄自己的長相，總是認為自己不如別人漂亮。

某天這位女性跟某個男人說話時，忽然有位女孩經過，男人的眼光瞥了那個女孩一眼，這位女性心裡馬上想：「唉！我就是沒那個女孩漂亮，那個女孩一走過來，男人就被她吸引了。」

而若是男人誇這位女性：「其實妳長得很漂亮。」她會想：「油嘴滑舌，這個男人八成是對每個女人都這麼說，我看他一定是渣男。」

對於這位女性來說，不論外境發生了什麼，他人對她說了什麼，經過她的負面思想解讀之後，全都成了負面訊息。

一個人的頭腦若是常常有負面思想，不論內在訊息或外在訊息、正面訊息或負面訊息，只要經過他的頭腦，訊息都會被解讀或扭取為負面。

這樣的人如果希望開啟內在感官、接收內在訊息，或是出體投射進入其他維度，最好先改變大腦的思維模式，否則若是他開啟了內在感官，或是出體投射到其他維度，將可能發現經歷的都是負面經驗。因為他的負面思想太多，經過負面思想的解讀，內在訊息會被扭曲，出體投射也會吸引負面經驗。

如果你想成魔法師，在開啟內在感官及練習出體之前，一定要覺察並改變你的負面思想。

覺察及改變負面思想非常重要，改變思想之前必須覺察思想，因此我會說，「覺察」是學習魔法的基本功。就像武林高手練絕世武功之前都得先練蹲馬步，蹲馬步就是基本功，覺察就是你學習魔法的基本功，只有先踏實的覺察及改變負面思想，當思想較正面時，才能喜樂的接收內在訊息，或出體投射到其他喜樂的維度。

那麼，要怎麼覺察思想呢？

當你的心情煩亂、焦慮、恐懼、擔憂時，就是出現了負面思想，此時，你大多會怪罪、指責、攻擊外境的某個人或某件事。而所謂的覺察，就是要你在此時，先不要對焦於外境，也就是把外境的人或事放在一邊，回來看自己內心伴隨這些負面情緒而生的負面想法。

以下是我認為最簡單、好操作的覺察方法，你可以在頭腦浮現負面思想與情緒時，用以下五個步驟覺察：

1. 當下發生了什麼？
2. 我的想法是？
3. 我的情緒是？
4. 我知道我的負面情緒來自我的想法。
5. 我接納我的想法，也接納有這想法的自己。我好愛我自己，為了讓自己更喜樂，我願意改變我的想法。

舉個例子，一位媽媽跟兒子說她生病了，而後媽媽在病榻上躺了兩天，兒子都沒有來電關懷。媽媽覺得很傷心，此時，傷心的媽媽可以這麼覺察：

1. 當下發生了：我生病了，在床上躺了兩天，人在外地的兒子得知後，完全沒有打電話問候我。
2. 我的想法是：這孩子真的很不貼心，白養他了。
3. 我的情緒是：我好傷心，也有點氣憤。
4. 我知道我的傷心來自我的想法。
5. 我接納我的想法，也接納有這想法的自己。我好愛我自己，為了讓自己更喜樂，我願意改變我的想法。

當這位媽媽做這個練習後，會明白，原本以為她的負面思想與情緒是別人造成的，然而，用心覺察自己的想法後，就會知道並沒有人逼她那樣想，是她自己要那樣想的。兒子沒有來電關懷或許讓她很傷心，但兒子並沒有要她傷心，是她自己解讀兒子的行為不貼心，才會因此傷心。

可見想法與情緒都決定在自己，外境的人與事可能會影響你的想法與情緒，但真正讓你產生負面想法的，一定是自己。

負面想法與情緒並不是毫無意義，比如一個學生下週將要考試，他很緊張，緊張會形成動力，促使他用功讀書，可見於他而言，緊張這負面情緒是有意義的。

然而，如果負面情緒並不是解決事情的動力，而純粹只是習慣朝負面的方向想，比如擔心自己將來會生病、擔心孩子未來沒工作，或是氣憤老公晚上出門打麻將、焦慮孩子常常玩手遊，這些焦慮、憤怒與煩憂都沒有促使人去處理任何事，而只是純粹在焦慮、憤怒與煩憂，這樣的思維習慣就必須改變。

如果想要改變負面思維的習慣，就必須覺察負面想法。

覺察負面想法，並接納負面想法，明白自己的痛苦都是自己的負面想法造成的，就可以漸漸消融負面想法。

而若是再下定決心翻轉負面思想為正面思想，負面想法就會漸漸轉變為正面想法。

有些朋友希望開啟內在感官或學會出體投射的原因是可以增加能力，然而，我會告訴大家，在擴展能力之前，成長自己是更重要的。只有成長自己，成為更好的自己，才能使用更擴展的能力。

成長自己最基本的功夫，就是覺察及改變負面思想，讓思想更喜樂平和，也更正面。

如果你想成為魔法師，一定要熟練覺察的基本功，消融負面思想，並將負面思想轉化成正面思想。

現在，是成為魔法師的第三十一個練習：

當我的內心萌生負面思想時，

就依循覺察五步驟，

看見自己的負面想法，接納自己的負面想法，並消融自己的負面想法。

34 覺察「受害者意識」與「我不夠好」的信念

有些人會在頭腦焦慮、煩憂、憤怒時，到寺廟或教堂參與宗教活動，或參與心靈課程，這些心靈活動都可能讓人較為寧靜喜悅，腦波也會從β轉成α波。

不過，如果沒有面對與處理這些內心的情緒，只是藉由心靈活動，讓心靈得到一時的喜樂平安，這叫「靈性逃避」，或稱「心靈嗎啡」，因為它就像嗎啡一樣，只是讓人暫時忘掉煩憂，而不是真正解決煩憂。

如果你想擁有心靈真正的喜樂平安，就不能只是「靈性逃避」，也不能只吃「心靈嗎啡」，而是要真正面對並消融內心的煩憂。因此，前文（33〈覺察你的想法〉我建議，先做好「覺察五步驟」的基本功。

當你的煩憂漸漸減少時，即使在β波的意識狀態，腦波還是會比較緩和，心靈也比較平和喜樂，你將因此安住在平和喜樂之中。

如果你確實在生活中依「覺察五步驟」來覺察負面思想，很可能會發現，你常常都會認為別人欺負你、辜負你、對你不好、對不起你、不符合你的期待，或別人跟你的想法不同而且常常講不聽等。總而言之，你總是因為別人而受苦，這樣的你就是有「受害者意識」。

「受害者意識」可說是所有負面思想的核心，因此它也可以稱為「核心信念」，焦慮、恐懼、煩憂等負面情緒幾乎都是伴隨「受害者意識」而生的。如果想減少受害者意識，就必須在覺察時，覺知自己是不是又掉進了受害者意識。

若想對「受害者意識」更覺知，可以把「覺察五步驟」修改為「受害者意識覺察五步驟」，在你頭腦浮現受害者的負面思想與情緒時，用以下五個步驟覺察：

1. 當下發生了什麼？
2. 我的想法是？
3. 我的情緒是？
4. 我知道我的負面情緒來自我的想法。
5. 我發現我的想法是受害者意識，這引起了我的負面情緒，傷害了我自己。我接受我有受害者意識，並決心消融受害者意識。

舉個例子，張先生與張太太婚後生了一個兒子，張先生的媽媽常常對孫子的教養提出意見，張太太覺得婆婆管太多，婆媳關係因此有點緊張。張太太向張先生抱怨婆婆干涉太多，張先生卻總是說：「妳別想那麼多，媽都是為我們好。」張太太因此更為憤怒。

此時，憤怒的張太太可以這麼覺察：

1. 當下發生了：婆婆對我們夫妻教養孩子的方式很有意見，我認為她管太多，我跟先生抱怨，先生居然回我：「媽都是為我們好。」

2. 我的想法是：我認為先生站在他媽媽那邊，他就是要我接受、體諒他媽媽，他們根本是一夥的。先生並沒有站在我這邊，我是被他們排斥、欺負的。

3. 我的情緒是：很憤怒，也很難過

4. 我知道我的憤怒與難過來自我的想法。

5. 我發現我的想法是受害者意識，這引起了我的憤怒與難過，傷害了我自己。我接受我有受害者意識，並決心消融受害者意識。

如果能依照以上五步驟覺察你的想法，「受害者意識」這個核心信念一定會漸漸鬆動、消融。而當受害者意識減少時，就不再常常因為自認被欺負或傷害而憤怒、痛苦、焦慮了。

除了受害者意識外，「我不夠好」也是常見的核心信念。如果你發現別人生病或發生不如意的事時，你都會自責的想「都是我的錯」、「都是我不好」、「都是我害的」、「如果沒有我他一定過得更好」、「如果我當時有（或沒有）做某件事就好了」等想法，就是有「我不夠好」的核心信念。

若想更加覺知「我不夠好」的信念，可以再把覺察五步驟改為「我不夠好覺察五步驟」：

1. 當下發生了什麼？
2. 我的想法是？
3. 我的情緒是？
4. 我知道我的負面情緒來自我的想法。
5. 我發現我的想法是我不夠好，這個想法引起了我的負面情緒，傷害了我自己。我接受我有我不夠好的想法，並決心消融我不夠好的想法。

舉個例子，陳女士的女兒目前二十多歲，罹患憂鬱症兩年多。陳女士常常對此事自責，並因此傷心難過。

傷心的陳女士可以這麼覺察：

1. 當下發生了：女兒罹患憂鬱症兩年多，雖然有服藥，還是常常憂鬱。
2. 我的想法是：都是我不好，女兒之所以會罹患憂鬱症，一定是因為從她小時候我就常常加班，陪她的時間不夠多，她才會罹患憂鬱症。
3. 我的情緒是：很傷心，也很難過。
4. 我知道我的傷心難過來自我的想法。
5. 我發現我的想法是我不夠好，這個想法引起了我的傷心難過，傷害了我自己。我接受我有我不夠好的想法，並決心消融我不夠好的想法。

如果你能依照「我不夠好覺察五步驟」覺察你的想法，「我不夠好」這個核心信念一定會漸漸鬆動而消融。當「我不夠好」的想法減少時，就不會再常常因為自責而傷心、難過、痛苦了。

「受害者意識」與「我不夠好」是兩大負面核心信念，有些人「受害者意識」較強烈，有些人則是「我不夠好」較強烈，有些人兩者都強烈。而若是能依照上述五步驟確實覺察，就可以漸漸消融這兩個信念。如此一來，平時的意識，也就是腦波處在β波時，就能平和喜悅。

當你平和喜樂時，接收的內在訊息比較不會被頭腦的負面思想扭曲。當你出體投射，不論是醒時還是夢中，都將投射到更喜樂的環境。

如果你想成為魔法師，一定要練習覺察，消融「受害者意識」與「我不夠好」兩大核心信念。

現在是成為魔法師的第三十二個練習：

當我內心萌生負面思想時，
要依「受害者意識覺察五步驟」與「我不夠好覺察五步驟」
來覺察，
消融自己「受害者意識」與「我不夠好」的信念。

Part 4

魔法顯化

35

物質宇宙是由意念建構出來的

如果你有魔法，最想做些什麼？

會不會希望像灰姑娘仙杜拉的神仙教母，魔法棒一點，仙杜拉身上的衣著就變成藍色的禮服與美麗的玻璃鞋，魔法棒再點一下，南瓜變成了馬車（如果是現代應該是變成超跑）。仙杜拉而後趕赴王子在城堡中舉辦的舞會，成為王子心中最美的女孩。

如果可以像神仙教母這樣，運用魔法為自己或別人，創造想要的人與事物，那豈不是太美好了？

你可不要以為這是空想，魔法的確是有這樣的功能。

前面已經教過大家開啟內在感官，接收其他維度（世界）的訊息，也介紹過進入其他維度（世界）的出體，相信大家都認識也練習過魔法的前兩個功能。

現在，要談的是魔法最重要的功能，也就是將內在的想法顯化為外在實相。如果在魔法的三個基本功能中只能擇一而學，我相信大多數人可能會選擇「將內在的想法顯化為外在的實相」。不論你目前內在感官開啟到什麼程度，也不論是否已學會了出體，都要好好學習將內在的想法顯化為外在的實相。

為什麼內在的想法可以顯化為外在實相呢？因爲創造的基本原理是「物質宇宙是由意念建構出來的」，也就是「信念創造實相」。

關於「信念創造實相」的原理，賽斯有很精闢的解釋。

根據賽斯的說法，當一個人起心動念時，意念會形成具有能量的「意識單位」（CU's-units of consciousness），而後，意識單位會進一步形成ＥＥ單位（Electromagnetic Energy；電磁單位），也就是能量場，或是俗稱的「磁場」。能量場會創造出人與人之間的緣分，以及人與事之間的機緣，緣分會將

一個人內在想要連結的人吸引到他生命裡，機緣會創造一個人打從內心想要經歷的事。

簡而言之，人的意念會從宇宙汲取能量，再將能量轉化為物質。物質世界就是這樣建構出來的。

不論是仙杜拉的神仙教母、亞瑟王的魔法師梅林、《魔戒》的魔法師甘道夫或是哈利波特等魔法師，施展魔法時都會使用魔法棒，彷彿魔法棒是魔法師的必備法器。

《哈利波特》小說中還說，魔法師挑選魔法棒，魔法棒也在挑選適合他的魔法師，每個魔法師都必須使用跟他相契的魔法棒，才能發揮最大的功力。

這個說法雖有趣，但真正的魔法師並不需要使用魔法棒，甚至連揮手都不必，就可以創造想要的實相，因為魔法師創造的魔力就在他的意念，揮動魔法棒只是一種儀式。

傳說魔法有「黑魔法」（詛咒、傷害、綑綁他人的負面魔法）與「白魔法」（祝福、健康、豐足、愛的正面魔法），一個人如果總是用「受害者意識」或「我不夠好」來創造及吸引實相，就像是對自己施了「黑魔法」，他將讓自己的人生過得很不如意。我要教大家開啟魔法，就是要導正大家的魔法使用方向與功力，讓大家都成為施用「白魔法」的魔法師，創造喜樂富足的人生。

或許有些朋友會說：「我很希望成為使用『白魔法』的魔法師，可是我還有很多負面想法，也還在練習『受害者意識覺察五步驟』與『我不夠好覺察五步驟』，那麼，我要如何避免自己又在無意間施用『黑魔法』，創造負面實相呢？」

就像這些朋友說的，即使一個人已經開始進行覺察，還是可能相信人生好苦、這世界有很多壞人、這是一個不公不義的世界，也可能常常擔心自己及家人將來會生病、錢不夠用、孩子將來沒前途。

如果你也常有負面想法，又不希望負面想法成為黑魔法，創造出自己不如意的人生，賽斯說，你可以對自己下一個暗示，那就是告訴自己：「我只對建設性（正面）暗示起反應。」這個自我暗示就像為自己設下了一個信念的結界，將可避免自己被負面信念與負面暗示影響，即使還有負面想法，也不會成為傷害你的黑魔法。

這個自我暗示並不是消除黑魔法的究竟之道，只是能減少黑魔法的施用與影響，後面，我還會教導大家使用白魔法，也就是用正面的暗示、祈禱、預期，為自己顯化正面實相，創造豐足喜樂的人生。

如果你想成為魔法師，請相信你的世界是自己的意念創造出來的，你就是創造自己世界的魔法師。若是你的想法還是常常會有「受害者意識」與「我不夠好」兩大核心信念，請進行下面這個練習，將可減少負面信念對你的影響。

現在是成為魔法師的第三十三個練習：

當內心萌生負面思想時，
告訴自己：「我只對建設性暗示起反應。」

36 冥想、預期、暗示、祈禱、催眠

你是魔法師，可以經由覺察，消融負面信念，化解讓自己過得不如意的黑魔法，再以正面信念為白魔法，創造豐足美好的人生。

那麼，要如何創造正面信念，施用白魔法呢？

請你先依照以下六個步驟練習冥想：

1. 在一個安靜的空間，靜坐下來，閉上雙眼。
2. 想像你想要的外在世界（例如，想來往的人或想擁有的事物）。在想像中，將你想要的外境栩栩如生的創造出來，並開啟你的內在視覺、內在聽覺、內在嗅覺、內在味覺、內在觸覺，你的內在視覺看得到它、內在聽覺聽得到它、內在嗅覺聞得到它、內在味覺嚐得到它、內在觸覺感受得到它。

3. 想像你進入這個想像的世界，正在跟你想要來往的人在一起，或擁有了你想要的事物。你很喜悅、非常喜悅、極為喜悅，你的情感越濃烈，你的想像就越真實，冥想也越有效。

4. 告訴自己：「這就是我將會創造的外境，我一定會美夢成真。」

5. 相信你的神一定會幫你完成這個夢想，你全然信任你的神。

6. 感恩你的神，也感恩自己。

物質宇宙是由意念建構出來的，外境起源於意念，如果善用冥想，你的冥想一定能顯化為你的外境。

就像賽斯說的：「所有存在於世間的事事物物原來全都是先存在於思想及感受裡。除此之外，別無其它法則。」「沒有一樁你身上發生的事不是被你的

想法、態度或感情所吸引而來。」「你眼中所見與心中所感的，全都是你自己預期會看到和會感覺的東西。」

所有物質世界的事物都是從內在的想法顯化出來的，而我要教大家的魔法，就是要運用這個顯化原則，為自己創造喜樂美好的外境。

如果你常常冥想，就會更明白冥想的威力。冥想就是打從內心對自己的預期，賽斯說每個人都以自己的預期，創造獨屬於自己的實相。「預期」是個人內心最深的相信，也是創造物質外境的骨架。內在有著無量的資料，預期會從這些資料中揀選出與其相符的資料，再投射成物質實相。

預期的背後還有著情感。情感會形成預期，若是情感改變，預期即可能隨之改變。

如果想要改變命運，單有渴望或欲望是不夠的，必須打從內心有所預期，才能真正改變命運。預期是把內在資料轉變成外在實相的板機，危險的預期會創造危險的實相，成功的預期則會創造成功的實相。

物質世界所謂的事實，其實只是預期成真的結果。比如約瑟有個預期是，傑出的藝術家一定窮途潦倒。這個預期使得約瑟雖然有藝術天分，對藝術創作也很投入，卻不敢出售自己的畫來賺錢，於是他就真如自己的預期，成了個窮藝術家。

約瑟還有些想法會強化這一則預期，比如身為長子的他，認為自己賺的錢若比爸爸多，是對爸爸的一種羞辱，也像是在拿財富跟爸爸爭奪媽媽。此外，約瑟的媽媽總是強迫約瑟的爸爸去賺錢，約瑟因此想以賺不了錢來告訴媽媽，誰都不能強迫他去賺錢，這些意念都強化了約瑟的預期，使得他金錢無法豐足。

然而，約瑟還是渴望有錢的，賽斯因此告訴他，若想創造金錢，就必須改變預期，堅定的相信自己一定會是個收入豐厚的藝術家，只有相信自己會有錢，才能創造豐足的金錢。

你所見所聞的外境都是你的思想創造出來的。如果不喜歡你的生活，就必須覺知信念，改變預期。

除了預期之外，冥想也是自我暗示、自我催眠與祈禱。

魯柏曾有一陣子擔任業務的工作，必須挨家挨戶進行推銷，然而，只要跟人接觸，魯柏就會不由自主感到恐懼與害羞，平時的自信似乎全消失了。這是因為魯柏自我暗示向人推銷會被拒絕，因此他創造出許多推銷對象都對他有防衛心，也真的會拒絕他。賽斯因此勸告魯柏，若想當個成功的業務，就必須先改變自我暗示，才能更順利將產品推銷給客戶。

賽斯曾說過，很多人都相信上帝，對於信仰上帝的人來說，所謂的上帝就是一個心靈完形，也就是能量的完形，它蘊藏著無限的能量，小至一隻麻雀，大到整個宇宙，都是祂創造出來的，每一個人也都出自祂的創造。宗教將這個至高無上的心靈完形稱為上帝，當人們虔心祈禱時，就是以內我連結這個心靈完形，並因此匯聚能量，創造出自己真心想要的實相。

可知當你向寺廟中的神明祈願或向上帝祈禱時，都是冥想。你把冥想的內容交給你信仰的神明或上帝，不論祂們有沒有助你一臂之力，為你完成夢想，你的冥想都將發揮威力，讓你將內在的想像創造成外在的實相。

你是魔法師，就像神仙教母一樣，可以進行魔法顯化。因此，請為自己編織一個美好的夢想，開始進行冥想、預期、自我暗示、自我催眠與祈禱。信任自己，也信任你的神，一定會美夢成真。

現在，是成為魔法師的第三十四個練習：

每天清晨醒來或晚上入睡前，靜下心來，按照冥想的六個步驟進行冥想。

以最喜樂的心情進行冥想，內容盡可能栩栩如生，

讓自己在冥想的世界中，看得清楚，也聽得明白。

信任自己，也信任自己的神，

冥想一定會成為實相。

37 魔法顯化

每天清晨或晚上入睡前，做個冥想，可以讓自己的夢想更明確，人生更踏實。

當你身體有恙時，可以做身體健康的冥想，畫面越清楚越好，就像這樣的冥想：

我的身體很健康，也很靈活，現在的我正在一片大草原上蹦蹦跳跳與翻筋斗。

我的心臟快樂的跳動著、肺臟快樂的呼吸著，肝臟、腎臟都快樂的運作著。

我的周身都散發出白色的光，我的心情好快樂。

我的身體好健康，我好感恩我的身體。

當你做這樣的冥想時，會開心地露出笑容。

而若是想讓冥想更快顯化為物質外境，還必須進行跟冥想一致的行動，例如做完健康的冥想後，就出門運動，或是來一份營養早餐，內外一致，身心合一，實際的行動能讓冥想的畫面越來越明確，夢想必將更快成真。

賽斯說：「冥想必須繼之以行動——而真正的冥想就是行動。」

如果魔法師需要魔法棒，我會說「行動」就是真正的魔法棒。行動是最有力量的冥想，經由行動，冥想將更真實，也更快顯化成實相。

所謂的「魔法顯化」，就是將內在顯化成外在。「冥想」加上「行動」，將讓你不斷將內在的想法顯化成外在的實相，成為擅長「魔法顯化」的魔法師。

接下來，我就以冥想的六個步驟為基礎，告訴大家「冥想」加上「行動」的八個步驟：

1. 在一個安靜的空間，靜坐下來，閉上雙眼。
2. 冥想你想要的外在世界。
3. 以喜悅的心情進入你冥想的世界。
4. 告訴自己：這就是我將會創造的外境，我一定會美夢成真。
5. 相信你的神一定會幫你完成這個夢想，你全然的信任你的神。
6. 感恩你的神，也感恩自己。
7. 積極行動，加速化冥想為真實。
8. 享受行動過程的快樂。

行動的過程可以讓你看到你的心。如果在行動時你感覺辛苦又費力，甚至是痛苦的，那麼，我會請你想想，那真的是你的夢想嗎？

比如你看到網紅拍攝玉山攻頂的影片，覺得很羨慕，也很想登玉山，於是開始冥想登上玉山頂峰的快樂畫面。

而後，為了攻頂玉山，平常很少運動的你開始練習登山。然而，當你登山時，總是氣喘吁吁、抱怨連連，口中還老是不耐煩的唸著：「到底還要走多久才會到山頂？」

這樣的你就該想想，「玉山攻頂」真的是你的夢想嗎？

如果你只想要登玉山的「結果」，卻不想要登玉山的「過程」，就得忍耐痛苦的「過程」來交換想要的「結果」。然而，魔法顯化可不是如此，真正的魔法顯化是「冥想是快樂、行動是快樂、結果也是快樂」。

當你享受快樂的行動過程後，創造的結果往往會比你的冥想更美好、更豐盛。

以我成為心靈老師的經驗為例，我希望自己成為可以幫助很多人扭轉觀念的心靈老師，還希望自己的授課風格幽默好玩，於是我常在冥想的畫面中，想像很多學員上我的課，他們笑聲不斷，更在歡笑中改變了許多過去讓自己不快樂的觀念。

為了成為知識豐富的心靈老師，我非常積極的行動，常常閱讀心靈書籍，書中作者的智慧語句往往能開啟我的視野與認知。我很喜歡新觀念撞擊舊認知的感覺，大腦的迴路因此得到了更新。在閱讀中提升智慧、改變思考模式，這樣的過程讓我很快樂。

此外，每次上課前，我會花許多心思備課，俗話說得好：「台上一分鐘，台下十年功。」多年的授課經驗讓我明白，要上好一堂課，除了有豐富的學識基礎外，課前的備課也非常重要，我常說：「對於一個負責任的老師來說，兩個小時的課程，用十個小時備課絕不為過。」我會在備課時準備豐富的內容，也會準備一些好笑的梗，最有意思的是，很多來自內在的靈感都是在我備課時接收到的。

閱讀與備課的過程都讓我很歡喜，在成為心靈老師的過程中，我已經成為越來越美好的自己了。

而當我以更美好的自己來講課時，我發現學員都聽得很歡樂，上課的效果往往超越我的冥想。我不只將冥想顯化成實相，還讓實相比我的冥想更美好豐盛，這樣的魔法顯化真是太棒了。

電影《三個傻瓜》有句經典台詞：「追求卓越，成功自然追著你跑。」俗諺也說「花若盛開，蝴蝶自來；人若精彩，天自安排」、「學生準備好，老師自然來」（對於心靈老師來說，我會說「老師準備好，學員自然來」）。當你享受快樂的創造過程，讓自己的層次越來越提升時，創造的成功往往會自然而然降臨到你身上。你會發現明明是在享受過程，卻自然的顯化出成功的實相，彷彿成功是附送的禮物一樣，真的是無比美妙。

如果你想成為魔法師，一定要在冥想之後積極又快樂的行動。

現在是成為魔法師的第三十五個練習：

在冥想之後，以最快樂的心情，朝夢想行動。
我將會發現，成功自然而然的來臨了，
這就是真正的魔法顯化。

38 信靠你的個人神

每個人都有成為魔法師的潛質，只要依照「魔法顯化」的八個步驟來練習，人人都可以成為擅長魔法顯化的魔法師。

然而，我聽過很多人說，不相信自己的冥想會顯化成物質實相，這樣的人往往會說：「夢想成真？哪有這麼簡單？別做夢了！」「如果這麼簡單就可以美夢成真，早就人人發大財了！」「我的學歷這麼低，別人都是碩士、博士，我怎麼可能創造成功？」「如果連我都會賺錢，豈不是大家都成為億萬富翁了！」「如果我用自媒體（比如直播）推銷我的產品，會有人看才怪。」「我的口才這麼差，怎麼可能作業務？」「創意都被別人想光了，我還能有什麼創意？」

這些話語都透露出同樣的訊息，那就是「沒自信」。當一個人沒自信，不相信自己能將內在的想法顯化成外在的實相時，他的意念就會形成阻力，也就難以顯化想法為實相了。

你可以試著想想，如果梅林、甘道夫或哈利波特在揮出魔法棒時，一臉沒自信的說：「我的魔法怎可能有效？」那麼，他們還可能魔法顯化嗎？

可知自信是魔法顯化的重要心態。

很多朋友都會提起自己沒有自信，又不知道怎麼培養自信。

如果你想增強自信，我會建議你可以多讀書或多運動，豐富的知識與美好的體態都能讓人更有自信，也能散發更大的魅力。

你也可以做一些激勵自己的小紙片，上面寫或印著，「我是最棒的」、「我是最好的」、「我的一切都很好」等語句，貼在你的手機、電腦或各種貼身用品上，隨時激勵自己，你將因自我暗示而越來越有自信。

你還可以在每天清晨梳洗或晚上洗澡時，對著鏡子中的自己大聲說：「我是最棒的。」「我是最好的。」「我的一切都很好。」這樣的自我暗示或自我催眠也能讓你越來越有自信。

若是做完這些練習，你還是自信心不足，那麼，讓我告訴你增強自信心的大絕招，那就是請你相信：你有一個屬於你個人的神，祂是你的靠山。

屬於你個人的神就是你的「個人神」，祂是獨屬於你的神，有無量的智慧與能量。當你面對挫折時，祂會給你勇氣；當你希望解決問題時，祂會給你靈感；當你想要將內在的想法顯化成外在的實相時，祂會幫你圓夢。

你的個人神並不是許多心靈學派說的「指導靈」，那是外來的神靈，你的個人神則是你的內我，祂是你靈魂的一部分，也就是你自己。你的內我包含了你的前世、來生、過去、未來、可能的自己，祂還連結生命的起源，也就是一切萬有，因此有著豐沛的智慧與能量。

如果你知道你的背後有這麼強大的靠山，還會沒自信嗎？

有個心靈故事是這麼說的，有個小男孩某天哭著回家，對他的爸爸說：

「爸爸，門口有顆很大的石頭，我想移開它，於是從各個方向推它，但它實在太重了，一動也不動，我用盡了所有的方法都移不走它。」

聽了小男孩的話，爸爸笑著說：「不，你並沒有用盡所有的方法，因為你沒有找我幫忙。」

你跟個人神的關係就像這個故事中的小男孩跟爸爸。如果你不知道你有個人神當靠山，就像這個小男孩不知道遇到困難時可以找爸爸，你可能因此認為自己無法顯化實相。而當你明白你的背後還有一個充滿智慧與能量的神，就像小男孩明白他有爸爸當靠山，將更有信心，也更有力量。

很多人都只相信「外面的神」，當人們希望自己工作順利、家庭和諧或考試金榜題名，也就是希望內心的渴望顯化成外在的實相時，都會向「外面的神」祈求。所謂「外面的神」就是上帝、佛陀、菩薩、關公、媽祖等。

許多人都只知道外面有神，卻不明白自己的內在就有一尊大神。

乍聽個人神的概念時，很多朋友也許會狐疑的問：「真的有個人神嗎？」

關於這樣的疑問，賽斯從基督教的角度來解釋，他說基督徒認為上帝是唯一的神，他則要告訴大家，基督教關於神的概念是扭曲的，基督教說沒有私人的神—個體（god-individual），然而，你確實有一個獨屬於你的個人神（personal god），祂是一切萬有的一部份，只會聽你一個人的祈求、祝禱與問題，接近你的神就是接近一切萬有。

我並不否認「外面的神」，祂們是眾人共同信仰的神，相對於「個人神」，「外面的神」可說是「公共神」，比如上帝、佛陀、菩薩、關公、媽祖等。過去的你或許會向眾人信仰的「公共神」祈禱，然而，請你相信，在你的身邊就有一位跟「公共神」一樣充滿智慧與能量的神，而且祂還獨屬於你。

如果你懷疑自己，就是懷疑你的神；相信自己，就是相信你的神。當你信靠你的神時，祂必將發揮最大的力量來幫助你。你的神會因你的快樂而快樂，也會在你失落時接住你，給你力量。信靠你的神、相信你的神會在背後護持你，揮灑魔法，將想法顯化為外在實相，就是在榮耀你的神。你會為你的成功

而讚美你的神，你的神也會為你歡呼。

認識我的朋友幾乎都能感覺我很有自信，我也認為自己自信心十足，而我之所以能這麼有自信，就是因為我相信我的背後有我的個人神。當我遇到困難時，我的個人神一定能幫我化險為夷；當我想創造夢想時，我的個人神一定會幫我美夢成真；當我決定創作時，我的個人神一定會提供我創作的靈感。因為信靠我的個人神，我總是覺得很安心，也很有力量。我相信我跟神合一，我是被神祝福、護持、保佑的。

信靠你的個人神，能讓你更有自信，而自信能讓你更順利的將內在的想法顯化為外在的實相，因此，如果你想成為魔法師，一定要信靠你的個人神。

現在是成為魔法師的第三十六個練習：

相信我有一尊獨屬於我的個人神，
並信靠我的個人神，
我的個人神就是我魔法顯化的最大助力。

39 創造健康的身體

學會魔法顯化之後，接著，我將帶領各位魔法師們以顯化原則，創造身體的健康。

相信很多人都曾在電影、電視或小說中看過，魔法師使用魔藥或施魔咒後，生病的人就可回復健康，甚至起死回生。

這可不是電影、電視或小說的幻想，人確實有不藥而癒的能力，而且連魔藥與魔咒都不需使用。只要知道生病的原因，人人都可以使用魔法，讓自己回復健康。

那麼，人為什麼會生病呢？生病的原因有二，一是思想衍生情緒，情緒無法流動，於是形成了疾病。二是自我暗示，使得身體生病，或生病後越來越嚴重。

關於無法流動的情緒會形成疾病，賽斯說自我就像專制獨裁的暴君，常會阻礙自然的行動，也就是阻礙情感的流動。情感被阻斷及壓抑後，人就可能憂鬱、憤怒、苦悶，還可能形成心理及身體的疾病。

我是一位西醫師，也是心靈老師，我以自己的臨床經驗來印證賽斯的說法。

一位五十多歲的莊小姐是某公司中階主管，兩個月前罹患癌症。

莊小姐向來對自己的工作要求甚高，也嚴格要求部屬的ＫＰＩ（業績）都必須達標或超標。然而，自認工作很認真的她卻不受高階主管器重，常常在開會時被指責或冷落。如果高階主管的領導風格就是這樣也就算了，但莊小姐又感覺高階主管對某幾位中階主管格外器重，言談也都和顏悅色，她因此感覺內心很不平衡，職場壓力很大。

大約從一年多前開始，莊小姐就常莫名的想哭，但她的個性很好強，絕不會在主管或同事面前示弱，更不可能在人前落淚。

這一年多來，莊小姐的情緒常常苦悶又憂鬱，也曾萌生離職的念頭，但她的自我，也就是理性告訴她，好不容易才熬到中階主管的位子，離職太可惜了，而且這家公司薪水還不錯，如果跳槽到別家公司，不見得還能有同樣的收入，於是她告訴自己要忍耐。

莊小姐的性格就如賽斯所說，她的自我像專制獨裁的暴君，常會阻礙她自然的行動，雖然職場讓她感覺很苦悶，她還是無法順隨內在的衝動離職或跳槽，也改變不了苦悶的心情，於是只能苦悶的在職場繼續待下去。

莊小姐也曾向朋友抱怨她的委屈，但有好幾次朋友都回她：「妳的薪水那麼高，有什麼好抱怨的，該惜福了。要不然妳跟我換工作，來做我的工作看看，妳就知道自己有多幸福。」這樣的回話讓她感覺跟別人說心事只是自取其辱，別人根本無法同理她的想法。於是她告訴自己別說了，說了也沒用，沒有人會理解她的。

莊小姐兩個月前因劇烈腰痛就醫，而後檢查出癌症，因為不明白疾病的原因是思想與情緒，她懷疑自己是不是飲食有問題才會罹患癌症，然而，真正造成她疾病的原因就是她那長期苦悶的情緒。

賽斯說過，如果要讓身體從疾病回復健康，就必須讓情感自然流動。莊小姐如果希望自己從疾病回復健康，就必須流動及減少苦悶的情緒。她可以先暫時離開職場，或乾脆離開那間讓她感覺苦悶的公司。此外，她還必須找到可以吐露心情的對象，好好流動情緒，這麼一來，才有可能釋放累積的情緒，也才有機會讓身體回復健康。

生病的原因除了無法流動的情緒外，也可能來自自我暗示，比如很多人都相信慢性病會經由基因遺傳給下一代，爸媽若是有高血壓或糖尿病，孩子往往就會擔心自己將來也可能罹患高血壓或糖尿病，就像很多人常說的：「我家有糖尿病（或高血壓）家族史，我將來也很可能罹患糖尿病（或高血壓）。」

這就像自己對自己施了黑魔法，自我暗示將讓自己更可能罹患跟父母一樣

的慢性病。

關於自我暗示而罹患疾病，賽斯的解釋是，組成身體細胞的原子與分子對於意識都有濃縮理解（capsule comprehension），或稱為內在理解（innate comprehension），在接受負面暗示後，原本應該健康的細胞會呈現轉化的錯誤，於是就產生了疾病。

賽斯曾提到約瑟有「花粉熱」的慢性病，約瑟的父親也有發粉熱。在約瑟大約三歲時，他的父親威脅要離開太太及孩子，約瑟極為恐懼。從此以後，他認為像父親這麼強而有力的男人就該有花粉熱，於是從那時起，約瑟即罹患了花粉熱，因為他把花粉熱視為力量的象徵。賽斯說一個人若是罹患某個疾病，就是他打從內心想要那個病，因此要藉病觀心。

可知「自我暗示」與「累積且無法流動的負面情緒」是疾病的兩大根源，既然如此，療癒疾病就不見得需要藥物。因為生病的原因就在心靈，因此治病的方法也在心靈，只要能改變心靈，疾病是可以不藥而癒的。

每個人都難免會有身體不適或生病的時候，如果你生病了，我會建議你感受一下疾病帶給你的不舒服，並順隨那個不舒服回到內心，看看是否對疾病有自我暗示，或是自己的想法造成了累積且無法流動的情緒。而若是你能覺察你的想法，並改變你的想法，或許就會像魔法師治療疾病一樣，不需使用藥物，就能讓自己回復健康。

如果你想成為魔法師，一定要了解生病的真正原因。當你身體有恙時，才能運用心靈的魔法，讓自己從疾病恢復健康。也可以用這個方法引導生病的家人或朋友，或許你就可以成為幫助他們療癒疾病的魔法師。

現在是成為魔法師的第三十七個練習：

當我身體不適或生病時，順隨身體不舒服的感覺回到內心，覺察自己對疾病是否有負面的自我暗示，或是否有累積而無法流動的負面情緒。

覺察之後再練習翻轉負面暗示，或流動負面情緒，這將能讓我心靈更舒服，身體也更健康。

40 魔法師、醫師、心理師

古代中國，「巫」與「醫」往往是合一的，那時的人們會稱治病的醫者為「巫醫」，既是「巫」也是「醫」，既是魔法師也是醫師，可見魔法師與醫師常常是一體的。

以我的觀點來看，魔法師不只是醫師，也是心理師，也就是，魔法師、醫師、心理師是「三師一體」的。

現代的醫師必須有國家考試認定的執照，但是我在這裡所說的醫師並不是領有國家執照的醫師，而是能從心靈療癒疾病的心靈醫師。一個心靈醫師必須明白，人的疾病都起自負面能量的累積或自我暗示，也要知曉真正的療癒是從內在讓能量流動或破除負面暗示。

現代的心理師也必須有國家考試認定的執照，但我在這裡所以說的心理師也不是領有國家執照的心理師，而是懂得人的心理與心靈的心靈老師。一位心靈老師明白，人的外在實相都是內在的想法顯化出來的，也知曉每個人都有獨屬於自己的「個人神」，如果要讓一個人的心靈真正平安喜樂，就必須引導他覺察及翻轉信念，並信靠他的「個人神」。

如果你是魔法師，你同時也會成為心靈醫師與心靈老師，能幫助自己與他人心靈喜樂、身體健康。

我是家庭醫學科醫師，也是心靈醫師。我會以西醫師的身分在醫療門診為病患診治疾病，也會以心靈醫師的身分改變學員的想法與行為，進而療癒學員的疾病。

我對西醫與心靈醫學都有深入的研究，也深知兩種醫學的特色，不過，我認為現代醫學有其盲點與困境。

現代醫學的診療過程是這樣的：個案來看診時，會向醫師描述他的症狀，醫師問診後，先進行理學檢查，而後進行抽血、超音波、X光等檢查，綜整所有報告之後，醫師會給個案一個「病名」的診斷，接著再針對這個疾病開藥物或進行手術等治療。

這樣的診治模式常會造成的思維邏輯是，醫師告訴病人他有某個「病」之後，病人會感覺這個「病」是獨立的東西，彷彿「病人」跟他的「病」是分開的，醫師必須治療這個「病」。這就好像「病」是病人身上的一塊「髒東西」，醫師要做的就是清理病人身上的「髒東西」，也好像病人是一台車，「病」就是某個零件壞了，醫師只需針對那個零件來維修或汰換。

因為這樣的思維邏輯，我在西醫門診常會聽到病人說：「醫師，我的腳好痛，請你治療我的腳痛。」「醫師，我有高血壓，請你治療我的高血壓。」「醫師，我的膽固醇偏高，請你降低我的膽固醇。」

我相信很多病人求醫時，都是希望把「疾病」交給醫師，讓醫師來「修理」他的「疾病」，也就是請醫師修理他的「腳痛」、「高血壓」或「膽固

醇」，再還他一具沒病沒痛的身體。（真的不蓋你，確實有病人走進診間就對我說：「王醫師，我該來讓你修理修理了。」）

然而，從心靈醫師的角度，我會說，「病」並不是獨立的東西，因為疾病往往來自一個人內心無法流動的情緒，因此，如果要療癒疾病，心靈醫師要療癒的是「心」，而不是「病」，唯有療癒「心」，讓一個人的情緒流動，心靈平安喜樂，他的「病」才會真正消失，這也才是最究竟的療癒之道。

關於現代醫學，賽斯談起醫師常會對身體的不適給予病名，但只要給了病名，就彷彿是持久不變的狀態。此外，醫師若對身體不適給出病名，個人就成了「病人」，而非「暫時不適的健康者」，一旦「病人」越相信自己「有病」，就越難治癒。

賽斯的說法真的是一語道破現代醫學的盲點。以西醫師及心靈醫師的身分經驗，我會告訴大家，當一個人身體不適或有疾病時，若治療重點越是在「病」、而不是在「心」，疾病就越難完全療癒，反之，治療重點越是在

「心」、而不是在「病」，疾病就越有可能不藥而癒。

賽斯曾經以心靈醫師的身分，引導比爾治療胃潰瘍。比爾因為胃潰瘍，多年來一直頗受胃痛之苦。他求教於賽斯，賽斯說，面對問題時，他的注意力與能量焦點並沒放在往外解決問題，而是過度緊張，使能量往內攻擊，因而形成胃潰瘍。

如果比爾想療癒胃潰瘍，就必須啟動自我瞭解計畫。首先必須將能量導引成往外解決問題，而不是往內自我對抗，形成疾病，而後又聚焦在疾病上。疾病代表心理或精神問題尚未解決，若是能解決心理問題，疾病往往也就不藥而癒了。

此外，若想療癒疾病，就必須建立「疾病一定會痊癒」的信念，醫師若想治癒病人，也必須引導病人相信疾病一定會痊癒。如果相信疾病難以療癒，疾病即會持續存在；如果相信疾病一定會療癒，才能擺脫疾病，恢復健康，這就是「暗示」。可知「暗示」不僅能帶來疾病，也能創造健康。

賽斯不是西醫師，他可不會開胃藥給比爾。我是西醫師，我知道賽斯是對的，因為像比爾這樣的胃潰瘍個案，如果性格不變，持續焦慮，即使胃藥可以解決一時的症狀，痼疾卻難以痊癒，於是就變得必須長期服藥，甚至使用慢性病處方箋，長年累月服用胃藥。

賽斯也曾說過，若想完全療癒比爾的胃潰瘍，藥物之類的快速治療並不見得是好方法，因為快速療癒後，如果比爾還是需要疾病，他將會再罹患另一種病。

賽斯的話語真是深得我心，多年的行醫經驗讓我明白，真正的治病是要治療「心」，而不是治「病」，因此即使是西醫門診的個案，我也會提醒多注意內在的想法與情緒。只有人的想法變了，情緒流動了，疾病才會痊癒。

賽斯說過：「一個高明的醫生其實是個信念的改變者。他以一個『我是健康的』想法取代一個『我是有病的』想法。除非發生了這種信念上的改變，不論他用什麼療法或針藥都不會有效。」「『完全的醫生（complete physician）』會是一個學會瞭解人存在的動力學、靈魂、身體關係的人——一個自己身體很健康的人。」

我相信我就是「完全的醫師」，也是魔法師、醫師、心理師「三師一體」的醫師。我會在個案求診時，從心靈老師的角度引導他改變想法，讓他彷彿有魔法加持般恢復健康，這就是以「人」為本，最完全的治療。而在一次又一次引導個案的過程中，我覺得自己也更喜悅、健康了。

如果你想成為魔法師，一定要明白治病的重點在治「心」，而不是治「病」。治「病」，病就可能長期存在，治「心」，「病」才能不藥而癒。這個方法不但可以用在自己身上，也可以引導生病的家人或朋友，或許你就可以成為幫助朋友或家人療癒疾病的魔法師。

現在是成為魔法師的第三十八個練習：

當我身體不適或生病時，
我告訴自己，真正有問題的是我的心，我會調整我的心，讓心靈快樂，
我相信快樂的心一定能讓我的疾病不藥而癒。

41 成為解夢大師

每個人每天都會做夢，在我的書《啟動靈感》與《什麼鬼》中，曾詳細介紹做夢的過程以及各式各樣的夢。

人們在醒來後可能會記得夢，卻不見得知道夢境代表什麼意思，或對夢境百思不解，也有些人認為夢境總是亂七八糟。然而，沒有任何夢境是毫無意義的，只要學會解夢，就能明白夢的含意。

身為魔法師當然要學會解夢，如果你知道怎麼解夢，除了看懂自己的夢境之外，也可以幫別人解夢。

賽斯是解夢大師，我們來看看賽斯是怎麼解夢的。

某天約瑟說起他做的三個夢，分別是以下的一號夢、二號夢、三號夢：

一號夢：約瑟與其弟比爾被困在一個山谷坡地的老房子裡，他倆站在屋頂上，屋頂覆蓋細雪，有點滑。後來比爾不慎從屋頂滑下，千鈞一髮之際在懸崖邊抓住一棵小灌木。約瑟此時發現屋頂有根排水管可抓住，於是他一手抓住排水管，再伸出另一隻手把比爾拉上來。

二號夢：約瑟與比爾在溪中游泳，溪的下方是瀑布，比爾先游進瀑布。比爾的身體蜷曲成球狀，很像胎兒的姿勢，而後約瑟也游進了瀑布。

三號夢：約瑟夢見自己不知為何將被處決，方式是無痛注射，執行注射的是約瑟的父親。約瑟在手術台上被執行注射，他望向窗外，看到魯柏在遛鞦韆。約瑟想到將要離開魯柏，悲傷與擔憂之情不禁油然而生。

賽斯說約瑟這三個夢都跟他潛意識中擔心財務以及他跟父親的情感有關。一號夢來自約瑟兄弟為家裡買了暖氣爐，結冰的房子象徵約瑟的父母並不溫暖，比爾貸款買了暖氣爐，掉下屋頂象徵他掉入了貸款。後來約瑟對弟弟伸出援手，象徵約瑟幫忙付貸款。約瑟發現比爾跌得很深，象徵比爾真的貸款了很多錢。

二號夢中約瑟跟比爾都進入水底，象徵比爾的債務已經跟他的頭一樣高了，約瑟也在水底，象徵他害怕自己也因為父母而扛上鉅額貸款。

三號夢中約瑟被他父親處決，象徵他擔心自己為了改善父母的經濟，得接下更多能賺錢卻沒興趣的工作，並因此放棄自己的藝術興趣，這就好像被判了死刑。至於約瑟在夢中看到魯柏，象徵他擔心父母的經濟狀況會拖累魯柏，逼得魯柏也得工作賺錢。

從賽斯解夢可以得知，夢中的畫面是「象徵」。約瑟因為經濟壓力而焦慮，投射成夢境，就成為他被困在山谷坡地的老房子、被淹沒在水裡以及被處決的夢境。如果約瑟不知道這三個夢境都在象徵他的焦慮，就可能完全不明白為什麼會做這樣的夢，而只會在夢醒時分感覺焦慮與疲勞。

「夢境是情緒的投射，夢中景象都是情緒的象徵」，這是解夢的重要原則。約瑟醒時頗因經濟壓力而焦慮，帶著焦慮的情緒入睡後，經由夢境來釋

放，於是就創造出焦慮的夢境。

每個人都有獨屬於自己的情緒象徵，賽斯說這就像每個人的內心都有「象徵銀行」，夢境會從內心的象徵銀行提取景象，並投射成跟情緒相應的夢境。比如在某人的「象徵銀行」中，歡笑的兒童象徵快樂，他快樂時可能就會夢見歡笑的兒童；佛陀或基督象徵恩寵，他感覺自己受到恩寵時就可能夢見佛陀或耶穌；蛇或黑狗象徵恐懼，他內在恐懼時就可能夢見蛇或黑狗。

依照這個原則，當你想要解夢時，可以記下夢中的人事時地物，尤其要記下夢中的情緒，再由夢中的情緒來看醒時的自己，就會發現醒時與夢境是經由情緒連結的，也會明白夢境究竟要表達什麼。

夢境是五花八門的，情緒釋放的夢只是其中一種，除此之外，還有預知夢、前世夢、可能自己的夢等。

賽斯曾解析約瑟做過的一個前世夢。約瑟夢見他跟房東克拉克、房東太太艾莉絲及房東的兒子賴瑞一起在公寓裡，賴瑞很生氣的處理約瑟家漏水的洗衣機，並對約瑟破口大罵。

賽斯解夢說，約瑟的這個夢是連結到他搭船的前世記憶。那一世的約瑟曾搭船橫渡大西洋，前往波士頓，賴瑞是船上的大副，約瑟則是偷渡客，賴瑞就像夢中一樣，常對約瑟惡言惡語。

當時船上發生了漏水事件，前世的記憶經由潛意識投射成夢境，將船轉變成洗衣機，船漏水的事件就變成了洗衣機漏水事件。

如果不經賽斯解夢，約瑟只怕想破頭，也不會知道洗衣機漏水的夢居然是前世夢。

可見夢境是多采多姿的，或許有很多夢境你怎麼想也想不明白，但它並不是沒有意義的。你可能會像約瑟，經由夢境連結到了前世，只是你看不懂而已。不過，就跟「象徵銀行」一樣，連結你今生與前世記憶的往往就是情緒，或許當時的約瑟正在焦慮，因此夢境才連結上前世搭船漏水的記憶，因為那時約瑟在漏水的船上也是焦慮的。船漏水的記憶被扭曲成了夢中的洗衣機漏水，

約瑟不見得明白那是前世的記憶，但仍可從夢中覺知自己的情緒。

如果你想成為魔法師，就要學會解夢，在練習解夢之前，必須先學會記夢。

現在是成為魔法師的第三十九個練習：

在入睡前先自我暗示：「明天早上起床，我要記得我的夢。」然後，在床頭放一支筆及一本筆記本，若是房間偏暗，還要擺一盞小檯燈（但以不干擾睡眠為原則）。

隔天醒來後，馬上將夢寫下來。

也可以用錄音筆錄下自己口述的夢境，再抄錄到自己的夢境日記。

夢境所記的內容盡量清楚，包括場景、人物等，尤其要寫下夢中的情緒與感受。

記好夢後，就可以為自己解夢了。

42 做個清醒夢

除了前文（〈41成為解夢大師〉）的記夢方法之外，賽斯還有一套獨門的記夢方式。

賽斯建議大家可以暗示自己，每晚在前五個夢的每一個夢之後醒過來並記下夢，而且要天天記，然後，再將任何一晚的第一個夢與其他晚的第一個夢比較、第二個夢與第二個夢比較，持續這麼做一年，就能更深入了解內我與潛意識。

這個方法很有趣，不過，如果你總是一覺到天亮，或半夜起床記夢就難以再入睡，那就記下睡醒之前的那個夢就可以。總之，只要學會記夢，一定會更知道怎麼解夢，也會更認識自己。

各式各樣的夢，最有意思的是清醒夢。賽斯說所謂的清醒夢是，在夢中感覺自己是醒著，而且能像醒時一般思考，這是把醒時的自我帶進了夢中。這時，你會發現自己明明是在做夢，卻是清醒的。大多數人會因此在夢中覺得很興奮、很喜悅，醒來後也回味無窮。

或許你會以為清醒夢中的你就是醒時的你，然而，這兩個你是不同意識層次的你。怎麼說呢？好比清醒夢的共同特色就是在夢中會飛，有些人是像超人一樣橫著飛，有些人是像「奇異博士」（電影中的超級英雄）一樣直立著飛，還有些人是坐著魔毯飛，或許飛的方式不同，但人人在清醒夢中都會飛。醒來後，最津津樂道的也是在夢中會飛。

顯然大多數人做清醒夢時，對於自己在夢中會飛是毫無懷疑，也不恐懼的，自然而然就飛起來了。這樣的思維跟醒時意識完全不同，在清醒夢中以飛為樂的人，清醒時大多不可能相信自己會飛，站在高樓頂的女兒牆邊可能還會雙腿發軟，坐上熱氣球或搭高空纜車也可能不敢往下看，可見清醒夢中的意識

跟醒時意識是不同的。

此外，清醒夢的時間與空間跟醒時世界也是不同的，比如清醒夢中的你在台北一間房子裡，打開房門一看，是非洲大草原，走進草原裡，見到獨角獸正在悠閒地走著，天空則有鳳凰在飛，這時有個小男孩走近你，一看，竟是國小的好朋友，他依然是個小孩。這樣的時空狀態在醒時絕對不會出現，但夢中的你雖說有意識，卻不會認為時空錯亂，還會感覺很有趣。

可見你在清醒夢中跟在物質實相的認知完全不同。賽斯說夢中跟物質實相的系統是不同的，實相有「首要實相」與「次要實相」之別。所謂「首要實相」就是所有系統通用的基本實相，「次要實相」則是屬於單一系統的實相，例如物質實相的鐘錶時間、地心引力、身體衰老等。

夢中與醒時的實相系統不同，人在兩種系統都能甘之如飴，不會產生錯亂感，可見人在醒時與夢中是處在兩種不同的意識狀態。

清醒夢中的你雖然有清醒的意識，卻不是醒時的那個你的意識。夢中的時空法則跟物質世界不同，夢中的你可以飛行，還可以跟已經往生的人甚至千百年前的人對話，而且你毫無驚訝，彷彿一切都是天經地義的。可見清醒夢中的你跟醒時的你是不同的你，卻有同樣的自我認同。

這印證了我們先前談過的，完整的你是靈魂，也稱為全我。全我包含「外在自我」與「內在自我」，「外在自我」是你，「內在自我」也是你。醒時的你是「外在自我」的你，清醒夢中的你則是「內在自我」的你，兩個都是你，卻又不是同一個你。經由做夢，你的意識作了切換，從「外在自我」切換成了「內在自我」。

夢中那個「是你，又不是你」的你，就是內在自我的你。如果明白了這一點，就可以認識不同層面的你，你的意識將更擴展。

如果你想做清醒夢，請一定要練習記夢，只要持之以恆，清醒夢的頻率一定會提高，你將能更認識「內在自我」的你，也更能了解內在實相與物質實相的不同，甚至悠游在有趣的內在實相中。

如果你想成為魔法師，一定要學會做清醒夢，認識另一種意識的自己，以及不同於物質實相的夢中世界（內在實相）。

現在是成為魔法師的第四十個練習：

準備入睡時，告訴自己：「明早睡醒前，我要做清醒夢，並在清醒夢中醒過來。」

這個自我暗示將有助於我做清醒夢。

當我發現自己在夢中、知曉自己在做夢時，我就是在做清醒夢。夢中的我可以飛行，我可以看看自己是怎麼飛行的。此外，我要告訴自己，要觀察夢中的時空以及夢中遇到的人有什麼特色。還可以嘗試跟夢中遇到的人說說話，看看他們會跟我說些什麼。

告訴自己，我會在醒來後記得夢中有趣的經驗，這將讓我更清楚的記得夢中經歷的人與事。

43 魯柏是這樣跟賽斯通靈的

賽斯書是高靈賽斯經由魯柏口述的書。魯柏是賽斯的靈媒，那麼，一個出色的魔法師是否須要跟魯柏一樣，成為能跟高靈通靈的靈媒呢？

靈媒就跟陰陽眼一樣，大多是與生俱來的體質，有些人是從小就擁有了通靈能力，有些人則是在年齡稍長之後，經由開發才會通靈。台灣民間有人說，能通靈的人都是「帶天命」的。

既然靈媒來自體質，如果沒有靈媒體質，努力學習也不見得會成為靈媒，魔法師因此也就不須成為靈媒。

不過，即使無法成為靈媒，我相信有志於成為魔法師的人還是會對靈媒的世界充滿好奇，甚至羨慕魯柏成為賽斯的靈媒，獲得「第一手」賽斯的訊息。

那麼，魯柏是如何成為賽斯的靈媒？而在成為靈媒之後，又是多努力才能接收那麼多賽斯思想，與賽斯共同創造出內容豐富的賽斯書呢？

這要從魯柏的轉世談起。

賽斯說他跟約瑟、魯柏累世都有因緣。三世紀前的賽斯是一位丹麥香料商人，他與約瑟、魯柏的結緣就在那一世，當時約瑟與魯柏是父子，約瑟是丹麥的一位地主，擁有多個農場，魯柏則在長大後成為一名畫家，名為范戴克二世，至今仍有作品傳世。

賽斯解析說，他們三人（或者說一個高靈、兩個人）之所以會有那麼深的緣分，是因為賽斯、魯柏與約瑟三個人格來自同一個存有，也就是他們三人的人格是從同一個大靈魂分出來的，因此三人的關係很密切。

也就因為如此，賽斯在發展成更高智慧的存在之後，即決定通靈魯柏，讓他來傳播賽斯思想，將更高的智慧傳播到人間。

魯柏可說是「天選之人」（也可說是「賽斯選之人」），因此他是「帶天命」的，與生俱來就有靈媒體質。不過，魯柏之所以能成為這麼出色的靈媒，傳遞出這麼好的賽斯思想，可不只是因為他天生就有靈媒體質，而是因為他很努力的做好「通靈」這件事。

除了魯柏很努力之外，賽斯也非常刻意培養魯柏，他們高靈與靈媒的完美組合，相得益彰。

為了讓魯柏成為靈媒，賽斯從魯柏的前世就開始訓練他了，賽斯曾告訴約瑟，魯柏在一個世紀前的那一世是靈媒，那時的他曾為了約瑟而在降神會中請求賽斯降靈，可知早在魯柏前世，賽斯就曾經由魯柏說話。

魯柏從前世就累積了豐富的通靈經驗，這為他今生的通靈奠下了良好的基礎。

在魯柏今生的通靈中，賽斯是這麼跟他通靈的：在通靈時，魯柏會進行出離，所謂的出離是魯柏的意識變成了兩個部分，一部分是有意識的，還能跟約瑟交談，另一部分則是出離，賽斯即是在這樣的狀態下連結上魯柏。在通靈時，魯柏會形成「透明的次元曲速面」（transparent dimensional warp），他倆就是經由這個次元曲速面連結，達成訊息的交流。

魯柏在跟賽斯通靈時仍是有意識的，這並不是所有通靈者都採用的通靈模式，很多靈媒在通靈時完全失去意識，將身體交給外靈，外靈「降駕」到他身體，藉由他的身體開講，講完後外靈「退駕」，靈媒才回復意識，在通靈期間外靈經由他的身體說了什麼、做了什麼，靈媒完全不知道。

關於這兩種通靈方式的不同，賽斯說有些靈體在傳遞訊息時，會讓通靈者進入深層出神狀態，再將訊息傳送給通靈者，這就好像高靈將知識強行灌進通靈者的食道。賽斯與魯柏的通靈不是如此，魯柏通靈時並沒有進入深層出神狀態，雖然魯柏也會出離，但他的外在意識並沒有完全關閉。賽斯傳遞資料的方法是與魯柏的內在感官相感應，再將資料傳給魯柏，這樣的方法是要讓魯柏慢慢消化知識，再轉化成智慧。賽斯說他傳授知識的方法或許比較慢，效果卻是比較好的。

魯柏通靈時向來都由約瑟紀錄，但在某次魯柏通靈之後，他決定以自己的記憶寫下賽斯通靈的內容，可知魯柏通靈時並不是意識完全離開，將身體交給賽斯來說話，而是魯柏的意識同時存在，因此他才能記得通靈內容。

就因為賽斯這麼用心培養魯柏，因此魯柏不只是賽斯通靈時的載體，也在通靈中吸收賽斯的智慧，成為一位智者。

除了賽斯用心栽培魯柏之外，魯柏與約瑟對心靈知識都非常有熱忱，他們大量涉獵心靈書籍與文章，在為賽斯通靈創作《早期課》期間，魯柏與約瑟曾讀過《時間與人》、《三面夏娃》（*The Three Faces of Eve*）、《未來即當下》（*The Future Is Now*）、《靈體投射》（*Astral Projection*）、《宇宙心智的力量》（*The Power of Universal Mind*）、《自我形象整容術》（*Psycho-Cybernetics*）、《無法解釋的事》（*Psycho-Cybernetics*）、〈桌子起飛〉（〈如何讓桌子翹起來〉）等書籍或文章，這些知識基礎讓魯柏在通靈時有更多語彙與知識可以跟賽斯連結，也讓賽斯講課的內容更豐富。

可知魯柏絕不是一般的靈媒。他是靈媒，也是智者，更是開悟者，即使沒有連結賽斯，他依然是知識豐富的心靈專家，連結了賽斯之後，他不只是心靈專家，更是出色的靈媒。

如果你想成為魔法師，不須成為靈媒，但必須學習魯柏與約瑟的熱忱與精神，大量閱讀心靈書籍，豐沛的知識一定能讓你成為更出色的魔法師。

現在是成為魔法師的第四十一個練習：

大量閱讀心靈書籍，讓自己擁有最豐沛的心靈知識。

44 可愛的賽斯

我非常熱愛心靈成長。從小到大，讀過非常多心靈書籍，從中認識了許多心靈大師，比如中國的孔子、孟子、老子、莊子，宗教祖師的佛陀、耶穌，佛教禪宗的許多大師，還有近代的佛洛依德、榮格、尼采、叔本華，以及新時代的賽斯、藍慕沙、J兄、約書亞等高靈。每一位大師都有著豐沛的知識，也都曾撼動我的大腦迴路，衝擊我的認知，並開啟我的智慧。

在所有的大師中，我最喜歡的就是賽斯。

賽斯說法的內容非常豐沛，絕對可說是「外到外太空，內在內子宮」，天文地理、人文生理，無所不包、無所不精。賽斯的很多說法還都讓量子物理學家嘖嘖稱奇，這麼豐富的內容讓我百讀不膩，每當我再一次讀賽斯書時，都還是會有新的啟發。

我喜歡賽斯的原因不只是賽斯書內容豐沛，另一個原因是賽斯很有涵養，不論談論任何話題，語氣總是很謙和，此外，還超級風趣、幽默、搞笑，有幾段賽斯書的內容都讓我捧腹大笑。

大多數宗教或心靈書籍都是很嚴肅的。許多讀宗教或心靈書籍的人也都是以嚴肅的心情在恭讀（我知道有些宗教或心靈人士不會說「嚴肅」，而會說「莊嚴」或「肅穆」），比如有人說讀佛經前要「潔手淨案」，也就是要先洗好手、把桌子清理乾淨，或者還必須洗澡、漱口，才可以捧起聖潔的佛經，恭敬的擺在桌上，開始閱讀。

宋朝歐陽修說「最佳讀書時，乃為『三上』，即枕上、馬上、廁上」。然而，有些佛教徒告訴我，佛經是神聖的，不可以躺在床上讀（「枕上」不可）、不可以邊上廁所邊讀（「廁上」不可），也不可以邊搭捷運或公車邊讀（「馬上」不可）。若照這標準，那歐陽修應該讀不了佛經吧！這樣的觀點未免也太嚴肅了。

賽斯的特色之一就是毫不嚴肅，賽斯的風格很自在，他可沒說何時才能讀賽斯書，你愛什麼時候讀就什麼時候讀，躺著、坐著、站著都可以讀，上廁所時朗誦一段「信念創造實相」也不錯。

此外，賽斯還非常謙和，總是不厭其煩的解釋。剛開始跟魯柏通靈時，有些人不相信賽斯是高靈，懷疑賽斯是魯柏的次人格，連魯柏自己都半信半疑，但賽斯不是魯柏的次人格，也不是人們認為的幽靈，而是能量人格元素。

也有人懷疑賽斯通靈魯柏是「惡靈入侵」，也就是賽斯這個外靈入侵魯柏的身體，藉由魯柏的身體說話。聽聞這樣的說法，賽斯非但沒有生氣，還溫和的對大家說明，他從未侵入魯柏，也未操縱魯柏，他跟魯柏通靈是跟魯柏的內在感官相感應，再將資料傳遞給魯柏，魯柏在通靈過程中仍是有意識的。

在賽斯屢次說明他不是魯柏的次人格，也不是入侵魯柏的外靈之後，有些人對賽斯還是頗有疑惑，賽斯回答大家的疑惑時，不僅毫不生氣，還展現了他的幽默感。

比如有人問，賽斯經由魯柏通靈，附身在魯柏，那賽斯的體重有多重？賽斯幽默的說，可以在課前、課中與課後測量魯柏的體重，如果課中正在和賽斯通靈的魯柏變重，算算魯柏比課前多了多少重量，就可得知賽斯有多重。

但賽斯說，萬一是變輕呢？

這段話讓我捧腹大笑。

還有，某天約翰在參與賽斯的通靈課程中，賽斯說話鏗鏘有力，約翰問賽斯能不能證明自己的存在，賽斯回他說，一個假冒他的女人（魯柏）不可能發出這種聲音。他還幽默地反問約翰：「那你能證明自己的存在嗎？」

這段對話也是非常有幽默感，的確，如果你不相信賽斯，賽斯再怎麼說他是真的，你還是認為他是假的，反之，如果有人認為約翰是假的，約翰又能有什麼萬全的證據，證明自己是真的？

由於賽斯書已通行多年，現代很多讀者都奉賽斯書為心靈學經典。但在當年賽斯剛通靈時，某些人對賽斯充滿了懷疑，為了破解大家的懷疑，賽斯也顯現了一些「神蹟」來證明自己是高靈。

比如在賽斯曾舉辦的降靈會中，約瑟與比爾等人親眼見到賽斯運用他的能量，使得魯柏原本修長的手指慢慢變粗，手指頭也變得像某種動物的前爪，而後又漸漸回復原狀，接著，三人看見魯柏掌心向上的手上竟又出現另一隻掌心向下的手，每隻手指頭的指甲還都清晰可見。

見證賽斯表現的神蹟，眾人都嘖嘖稱奇。

賽斯還曾經展現了身為高靈的他，心電感應與千里眼（見到遠端事物及預知未來）的能力。他曾有長達兩年多的時間跟殷斯翠姆博士（Dr. G. H. Instream）進行千里眼測試，方法是賽斯感應並說出殷斯翠姆當天做了什麼事，殷斯翠姆也寫下當天的日記，而後再進行比對，結果證實賽斯確實展現了千里眼的神蹟。

通靈的時間越久，大家越信任賽斯，也越相信賽斯是高靈，於是很多人都慕名而來，向賽斯提問。

有趣的是，人們的提問千奇百怪，除了心靈跟心理的問題之外，還有各式各樣的問題。

台灣民間宮廟說神明可以為民眾「收驚、問事、祭改」，信徒只要有求於神明，神明一定盡力幫忙。我不知道其他神明是否真有能力包辦信眾大小難題，但賽斯還真的是「收驚、問事、祭改」，見招拆招，對學員問的任何問題，他總是兵來將擋、水來土掩，有問必答，其中當然也有很多令人發噱的問題。

比如約瑟曾問賽斯：「這幾天會下更多雪嗎？」賽斯笑著回他：「我不是私人氣象預報員。」但他還是告訴約瑟近日不會下太多雪。

更離奇的是，正在攻讀博士學位的羅傑・沙利文（Roger Sullivan）寄了一個頗為複雜的數學題目給魯柏，期待由高靈來解題。想不到賽斯竟也接招，他請出另一位高靈尤瑞尼斯（Jurinis），還真解起了博士級的數學難題。

據我了解，很多靈媒為神明通靈，因為沒有固定收入，生活都頗為拮据。賽斯可不會這樣對待約瑟與魯柏，當賽斯決定出版賽斯書《靈魂永生》時，他說這本書一定大賣，而且利潤全都歸約瑟與魯柏，他分文不取。（雖然我也不知道賽斯真要取「分文」，到底要怎麼取？）

總而言之，賽斯就是希望「智慧出得去，金錢進得來，約瑟魯柏發大財」，他要的是傳播真理給世人，但同時也要顧好約瑟與魯柏的經濟，他可不願意約瑟與魯柏餓著肚子幫他傳道。

賽斯是如此慈悲、平易近人、謙和、搞笑又幽默的高靈，我是賽斯的「鐵粉」，深愛賽斯，也樂意把賽斯推薦給每一個人。

我相信宇宙中一定還有很多像賽斯這樣，樂於幫助眾生的高靈。我們是如此幸福，沐浴在高靈的恩寵與祝福之中。

如果你是魔法師，一定也能感受到高靈的恩寵與祝福。

現在是成為魔法師的第四十二個練習：

我將以喜樂且虔誠的心，感恩這個世界，也感恩為世人帶來智慧的高靈。

我將告訴自己，我是被祝福、被恩寵、被疼愛的，我一定能開啟智慧，成為利人利己的快樂魔法師！

45 魔法師的修鍊之旅

當代可說是人類歷史上科學最昌明的時代（雖然賽斯說亞特蘭提斯時代科學也很進步，但我認為現代更進步）。在這個科學時代，人人使用著科技產品，手機、平板、電腦可說是「標準配備」，很多人的家裡也都有掃地機人等科技產品。

科學為人們帶來了便利舒適的生活，但也讓人們開始依賴外境，並養成了「外境思維」，也就是認為所有的問題都可以從科學或外境來解決。

當代的人們普遍都有強烈的外境思維，幾乎忘了自己還有內在的區塊，因此我會說，這是人類歷史上外境最科學，卻也是外在自我與內在自我最斷裂的時代。人們不但依賴外境，忘了自己還有內在，還可能視內在的訊息為巧合、意外、無意義或怪力亂神，甚至不知道自己的內在充滿了豐沛的能量，更遑論使用內在的能量。

對於現代人來說，當內心有著難解的困惑時，或許更習慣問ＡＩ人工智慧，而不是傾聽內在的聲音。

當今手機的盛行，使得人們並不那麼在意自己是不是有心電感應的能力，畢竟想跟任何人連絡，撥個電話、傳個訊息是如此容易，誰還會在乎內在傳來的隱晦不明訊息？

除此之外，人們對於「神」的觀念也越來越薄弱。看過電影《復仇者聯盟》的朋友，對於「凡人」綠巨人浩克抓著「神明」洛基猛甩猛砸，洛基毫無招架之力的畫面，應該記憶深刻吧！

對於許多現代人來說，與其要相信「神」，還不如相信各行各業富有科學知識的「專家」。

而當人們都不再那麼相信神時，還會相信自己的內在神性、每個人都有尊獨屬於自己的個人神嗎？

外在自我與內在自我的斷裂，造成現代許多人都處在焦慮、恐懼、憂鬱、憤怒的情緒中，因為人們只相信外境，因此會希望緊緊抓住、掌控外境，只有外境如自己的意，內心才會平安。但外境絕對不會完全如人所願，當人們越想掌控外境，內心就越會產生無力感，也就越焦慮、恐懼、憂鬱、憤怒。

賽斯曾經說過：「不論在年輕時有多美，沒有一個身體到了老年還能保有同樣的精力與魅力。如果你認為自己等同於青春、美麗、聰明或成就，那種明知道這些屬性一定會消失卻又難以釋懷的感覺就會一直在。」

這段話說得太好了，這就是外境思維造成的問題。一個人若是把他的尊嚴、快樂或安全感建立在外境的青春、美麗、聰明或成就，一定會焦慮、恐懼、憂鬱、憤怒，因為外境是變動不居的，再怎麼努力抓也抓不住。

由於執著於外境，有些人總是焦慮韶光易逝、青春不再、容顏漸老；有些人則是擔憂老來生病、纏綿病榻，金錢匱乏；有些人總是憤怒伴侶劈腿、孩子無情，或者憂鬱自己一事無成、達不到自己或別人的期待。

因此，很多人感覺人生很苦，然而，大多數的苦都來自內心，也就是自己的思想。

我引導大家成為魔法師，就是要大家不再執著於外境思維。外境思維來自外在自我，但請你明白，除了外在自我，你還有內在自我，外在自我與內在自我原本就是緊密連結的。魔法師的修鍊就是要喚醒內在自我的能力，那是你本來就有的，只是因為太久沒使用而使它蒙塵了。只要決心重新啟用它，就一定能順利開啟，並更熟練使用它。

在這本書裡，我帶領大家進行四十二個成為魔法師的練習，就是要喚醒大家內在的力量。

魔法並不難，不需到哈利波特的霍格華茲魔法學院學習，只要依照這本書教導的方法練習，就能成為魔法師。

當你按部就班地練習，就會開始認識自己的內在，你將明白靈感、記憶、

心電感應、預知未來都是來自內在的訊息，你的內在跟你是緊密連結的。

接著，你會認識並開啟內在感官，你的內在視覺、內在聽覺、內在嗅覺、內在味覺、內在觸覺都會隨著你的開發與練習而越來越敏銳。從內在而來的訊息也將以更清楚的視覺、聽覺、嗅覺、味覺或觸覺呈現。因為內在感官的開啟，你會接收到越來越多的內在訊息。

若是你的生活中有很多事讓你焦慮，你可能會發現，接收到的內在訊息有很多都是與焦慮相關的，這時就必須覺察自己的想法，翻轉信念。當你的想法漸漸喜樂平安，接收到的內在訊息也將越來越喜樂平安。

內在喜樂平安，就可以開始運用魔法，將內在的想法顯化為外在的實相。魔法顯化的過程會讓你感覺非常神奇，也非常美妙，你將發現自己的人際關係越來越美好，人生也越來越如意。

而當你越來越熟練魔法顯化，將會越來越信任自己的內在，也會明白你的內在有個「個人神」，祂是你的靠山。有了這麼強大的「神級」靠山，你會對自己很有自信，將從內在創造出更美好的外在實相。

學習魔法的過程就是魔法師的修鍊之旅，在成為魔法師的道路上，你會連結內我，開啟內在的智慧與能力。

當你成為魔法師時，雖然生活在科學時代，享受進步的科學產品，卻不會完全依賴外境，更不會迷失在外境，因為你知道你的活水源頭來自內在。

你會確信一切的外境都是從內在顯化出來的，因而不會執著在外境思維，也不會嚴肅地想要掌控外境。你會明瞭心是境的來源，內在是外在的根本，因而不會再因無法掌控外境而心生無力感，也不會因此焦慮、恐懼、憂鬱、憤怒。

你將安然地生活在這個世界，快樂的享受魔法顯化的過程。

這樣的你就是快樂、自利利人的魔法師！

〈後記〉

我的魔法人生

王怡仁

我從小就很愛看小說，每當生活有空閒時，都會栽進小說的世界，眼前都會順隨文字浮現人物的影像，不論是《三國演義》中的英雄、《水滸傳》中的好漢、《西遊記》中的仙怪、金庸小說中的大俠或是倪匡小說的外星人，彷彿都活生生地從書中走了出來。

學習心靈成長之後，我才知道看小說時，眼前浮現的影像是「內在視覺」，那是一種內在感官。

我從小也很熱愛創作，不論作文或畫畫，只要是創意類的我都喜歡，尤其喜愛寫作。我很喜歡靈感湧進大腦的感覺，那會讓我瞬間整合或想通了很多觀念。若是創作小說，我會感覺大腦裡還有另一個世界，我的創作就是把那個世界描述出來。

學習心靈成長之後，我知道靈感來自我的內在，每一次的創作都讓我連結內在，讓靈感流進來。

我在二十多歲時開始閱讀賽斯書，它引領我更深入的認識內在世界，於是我更進一步地開啟內在感官，以及接收更多從內在來的訊息，跟內在的連結因此越來越緊密。

靜坐時，我的眼前總會浮現光或影像，我知道那是來自內在的影像。心靈平靜時，我的耳畔會響起「唵」的聲音，我知道那是來自內在的聲音。內在影像與聲音都來自內在感官，我越來越習慣使用它。

我常常在久違的朋友來訪之前，不知所以的想起他，這是心電感應，隨著心靈成長的學習，次數越來越頻繁。心電感應是一種內在訊息，我越來越熟練地接收它。

使用內在感官與接收內在訊息都是跟內在連結，這就是魔法。

魔法還不只是接收內在訊息，而更是要將內在的想法顯化為外在實相，這就是魔法顯化，我超喜歡化想法為真實。

我是創作者，熱愛寫作，出版了很多書，目前仍在持續創作中；我也是演講者，有過無數的講座。在寫每一本書及辦每一次講座前，我都會冥想最美好的狀況，再經由我的踏實築夢，將冥想顯化為真實，這樣的魔法顯化過程讓我很快樂。

我也認真經營人際關係，每當我跟家人相處或跟好朋友來往時，都會冥想我跟對方最美好的關係，而後經由能量的流動，往往就能擁有快樂的關係，這也是魔法顯化，讓我擁有好人緣。

除此之外，我還相信我的背後有「個人神」。每當面對挫折與困境時，我總是把自己交託給我的個人神，告訴自己別擔心，個人神一定會做出最好的安排。

因為相信有個人神當靠山，我的內心常常都很平安，也總是對自己很有自信。

我覺得我的人生充滿了魔法，因為學習心靈成長，常常連結內在，並使用魔法創造我的生活，讓人生越來越美好，我相信這就是魔法的威力。

感謝讀這本書的你，你一定是學習魔法的同好，我也相信你正在創造你的魔法人生。那麼，就讓我們一起繼續使用魔法，讓人生精彩繽紛、喜樂平安！

愛的推廣辦法

看完這本書，是否激盪出您內心世界的漣漪？

如果您喜歡我們的出版品，願意贊助給更多朋友們閱讀，下列方式建議給您：

1. 訂購出版品：如果您願意訂購一千本（印刷的最低印量）以上，我們將很樂意以商品「愛的推廣價」（原售價之65折）回饋給您。

2. 贊助行銷推廣費用：如果您認同賽斯文化的理念，願意贊助行銷推廣費用支持我們經營事業，金額達萬元以上者，我們將在下一本新書另闢專頁，標上您的大名以示感謝（每達一萬元以一名稱為限）。

請連絡賽斯文化或財團法人新時代賽斯教育基金會各地分處，我們將盡快為您處理。

●愛的連絡處

如果您認同本書的觀念及內容，想要接受我們的協助；如果您十分認同本書的理念，想依循本書的觀念成為一位助人者的角色；如果您樂見本書理念的推廣，而願意提供精神及實質的協助；請與財團法人新時代賽斯教育基金會各地分處連繫：

●台中總會　電話：04-22364612　傳真：04-22366503
E-mail: edu10731@seth.org.tw
台中市北區崇德路一段六三一號A棟十樓之一

●台北辦事處　電話：02-25420855
E-mail: taipei@seth.org.tw
台北市中山區長安東路二段四九號六樓

●新北辦事處　電話：02-26791780
E-mail: xinpei@seth.org.tw
新北市新莊區思源路一七三號十二樓

●新竹辦事處　電話：03-6590339
E-mail: hsinchu@seth.org.tw
新竹縣竹北市嘉豐六路一段九六號二樓

●嘉義辦事處　電話：05-2754886
E-mail: Chiayi@seth.org.tw
嘉義市吳鳳北路三八一號四樓

●台南辦事處　電話：06-2134563
E-mail: tainan@seth.org.tw
台南市中西區開山路二四五號十樓

●高雄辦事處　電話：07-5509312　傳真：07-5509313
E-mail: kaohsiung@seth.org.tw
高雄市前金區中山二路五〇七號四樓

●屏東辦事處　電話：08-7212028　傳真：08-7214703
E-mail: pintong@seth.org.tw
屏東市廣東路一二〇巷二號

● 賽斯村　電話：03-8764797　傳真：03-8764317
E-mail: sethvillage@seth.org.tw
花蓮縣鳳林鎮鳳凰路三〇〇號

● 賽斯ＴＶ　電話：02-28559060
E-mail: sethtv@seth.org.tw
新北市新店區北新路一段二九三號七樓之三

● 香港聯絡處　電話：009-852-2398-9810
E-mail: info@seth.hk

● 深圳市麥田心靈文化產業有限公司　許添盛微信訂閱號：SETH-CN　微信：chinaseth　電話：86-15712153855

● 新加坡賽斯基金會　電話：8699-5765　E-mail: sethsingapore@hotmail.com

● 馬來西亞賽斯教育基金會　電話：016-5766552　E-mail: admin@seth.org.my

● 澳洲賽斯身心靈協會　電話：006-432192377　E-mail: ausethassociation@gmail.com

● 台灣身心靈全人健康醫學學會　電話：02-22193379　傳真：02-22197106
E-mail: tshm2075@gmail.com
新北市新店區中央七街二六號四樓

賽斯文化

遇見賽斯

每天的生活，都是靈魂的精心創造

You create your own reality

賽斯文化網 www.sethtaiwan.com 改版上線新氣象 提供好康與便利

優質身心靈網路書店

- 睽違許久的賽斯文化網，爲了提供更方便與完善的服務，終於以嶄新面貌重現江湖囉！電子報亦同時重新改版發行。而賽斯文化電子報，除了繼續每月爲網站會員帶來剛出爐的新書新品訊息，讓大家能以最迅速的方式獲得賽斯心法以及身心靈修行的第一手資訊外，更將增闢讀者投稿專欄，讓大家能共同分享彼此的學習心得與動人的生命故事。
- 只要上網註冊會員，登錄成功後，立即獲贈100點購物點數，購買商品亦可獲贈點數，點數可折抵消費金額使用。另有各種不定期的優惠方案、套裝系列及精美紀念品贈送等活動，如此優惠的價格與好康，只有在賽斯文化網才有，大家千萬不要錯過了！

五大優點最佳選擇

● 優惠好康盡掌握

網站定期推出最新的獨賣優惠方案及套裝系列，可獲最多、最新好康。

● 系列種類最齊全

最齊全的賽斯心法與許醫師作品系列各類出版品，完整不遺漏。

● 點數累積更划算

加入會員贈點，每項出版品亦可依價格獲贈累積點數，可折抵購物金額，享有最多優惠。

● 最新訊息零距離

每月電子報定期出刊，掌握最即時的新品、優惠訊息與書摘、讀書會摘要等好文分享。

● 上網購物最便捷

線上刷卡、網路ATM等多元付款方式與宅配到府服務，輕鬆又便利。

優質的身心靈網路書店, 結合五大優點, 是您的最佳選擇。
賽斯文化網址：http://www.sethtaiwan.com/
想接收更多即時的最新消息與分享, 歡迎上賽斯文化FB粉絲專頁按讚。

賽斯文化
特約點

台北	佛化人生	臺北市大安區羅斯福路3段325號6樓之4	02-23632489
	墊腳石重南店	臺北市重慶南路1段3號	02-23708836
	水準書局	臺北市浦城街1號	02-23645726
中壢	墊腳石旗艦店	中壢市中正路89號	03-4228851
新竹	墊腳石新竹店	新竹市中正路38號	03-523-6984
台中	諾貝爾旗艦店	臺中市公益路186-2號	04-2320-4007
斗六	田納西書店	雲林縣斗六市民生南路6號1F	05-532-7966
嘉義	墊腳石嘉義店	嘉義市中山路583號	05-2273928
台南	政大書局台南店	台南市中西區西門路2段120號B1	06-2239808
高雄	青年書局	高雄市青年一路141號	07-332-4910
	鳳山大書城	高雄市鳳山區中山路138號B1	07-743-2143
	明儀圖書	高雄市三民區明福街2號	07-3435387
花蓮	政大書局花蓮店	花蓮市中山路547之2號3樓	038-316019

依爾達
特約點

台北	玩賽斯工作室	台北市大安區雲和街63號	02-23655616
新竹	新竹曼君的店	新竹市東南街96巷46號	035-255003
台中	賽斯興大讀書會	台中市永南街81號	0932-966251
高雄	天然園	高雄市林園區林園北路264號	07-6450406
	間隙輕展覽空間	高雄市左營區富國路450巷24號	07-5508808
美國	北加州賽斯人	sethbayareagroup@gmail.com	
馬來西亞	賽斯學苑	sethlgm@gmail.com	009-60122507384
	檳城賽斯推廣中心	sethPenang@gmail.com	
	檳城賽斯心靈推廣中心	sethspaceplt@gmail.com	009-601110872193

賽斯文化

想完整閱讀賽斯文化的書籍嗎？
以上地點有我們全書系出版品喔！

賽斯文化有聲書

www.sethpublishing.com

線上平台

許添盛醫師講解賽斯書，唯一最齊全、最詳盡的線上平台
隨選即聽，提供更自由便利的聆聽管道
每月329元，無限暢聽賽斯文化上百輯有聲書
下載離線播放，網路無國界，學習不間斷

為服務愛好收聽賽斯文化有聲書的群眾，賽斯文化特別規劃了「有聲書線上平台」，訂閱後可直接於網站上收聽，或以手機下載「Dr Hsu Online」APP，即可隨時隨地收聽包括許添盛、王怡仁及陳嘉珍等身心靈老師的精彩課程內容，提供您24小時不間斷的賽斯心法學習體驗。

➡ 優惠方案以賽斯文化粉絲專頁公告為準，敬請密切注意粉絲專頁最新動態。

請以Android系統手機掃瞄

請以iOS系統手機掃瞄

「賽斯文化有聲書線上平台」網站

賽斯文化粉絲專頁

百萬CD
千萬愛心

請加入賽斯文化　百萬CD推廣行列

自2006年10月啟動「百萬CD，千萬愛心」專案至今，CD發行數量已近百萬片。這一系列百萬CD，由許添盛醫師主講，旨在推廣「賽斯身心靈整體健康觀」，所造成的影響極其深遠。來自香港、馬來西亞、美國、加拿大、台灣等地的贊助者，協助印製「百萬CD」，熱情參與的程度，如同蝴蝶效應一般，將賽斯心法送到全世界各個不同角落——隨著百萬CD傳遞出去的愛心與支持力量，豈止千萬？賽斯文化於2008年1月起，加入印製「百萬CD」的行列。若您願意支持賽斯文化印製CD，請加入我們的贊助推廣計畫！

百萬CD目錄

（共九輯，更多許醫師精彩演說將陸續發行）

1. 創造健康喜悅的身心靈
2. 化解生命的無力感
3. 身心失調的心靈妙方（台語版）
4. 情緒的真面目
5. 人生大戲，出入自在
6. 啟動男人的心靈成長
7. 許你一個心安
8. 老年也是黃金歲月
9. 用心醫病

贊助辦法

在廠商的支持下，百萬CD以優於市場的價格來製作，每片製作成本10元，單次發印量為1000片，若您贊助1000片，可選擇將大名印在CD圓標上；不足1000片者，可自由捐款贊助。

您的贊助金額，請劃撥以下帳戶，並註明「贊助百萬CD」。
賽斯文化將為您開立發票，並請於劃撥後來電確認。
郵局劃撥：50044421 賽斯文化事業有限公司　　聯絡方式：02-22196629分機18

Seth

賽斯身心靈診所

院長　許添盛醫師

本院推展身心靈健康的三大定律：

一、身體本來就是健康的。 二、身體有自我療癒的能力。 三、身體是靈魂的一面鏡子。

結合身心科、家庭醫學科醫師和心理師組成的醫療團隊；啟動人們內在心靈的自我康復系統，協助社會大眾活化人際關係，擁有更美好的生活品質。

許醫師看診時間

週一　08:30-12:00；13:30-17:00

週二　13:30-17:00；18:00-21:00

個別心理治療時段(需先預約)

週二及週三　09:00-12:00

門診預約電話：(02)2218-0875

院址：新北市新店區中央七街26號2樓

網址：http://www.sethclinic.com

Dr. Hsu身心靈線上平台

www.drhsuonline.com

冥想課程
網路諮詢

- 癌症身心適應
- 失眠、憂鬱、焦慮
- 家族治療、親子關係
- 人際關係、夫妻關係
- 躁鬱、恐慌、厭食暴食
- 過動、自閉、拒學
- 自我探索與個人心靈成長
- 生涯規劃諮詢

賽斯管理顧問

賽斯管理顧問

提供多元化身心靈健康服務
包含全人教育、人才培訓、企業內訓
身心靈課程規劃及諮詢等
將身心靈健康觀帶入生活之中
引領企業從不同的角度尋找
屬於企業本身的生命視野及發展遠景

許添盛醫師
講座時間
週一
19:00 - 20:30

工作坊
多元課程

欲知課程詳情
歡迎來電洽詢
上網搜尋管顧
掃描下方條碼

You Create Your Own Reality

實體門市

提供以賽斯心法為主軸的相關課程諮
及出版品（包含書籍、有聲書）

心靈陪談

賽斯「心園丁團隊」提供一對一陪談
務，支持及陪伴您面對生命的無助、
關與困境。

文化講堂

身心靈成長課程及工作坊

協助實現夢想生活、圓滿關係，創造
命的生機、轉機與奇蹟。

人才培訓

培育新時代的思維，應用「賽斯取向
心靈輔導員、種子講師等專業人才。

企業內訓

帶給企業新時代的思維方式，引領企
永續發展、尋找幸福企業力。

電話：（02）2219 - 0829
網址：www.facebook.com/sethsphere
地址：新北市新店區中央七街26號三樓

馬來西亞聯絡處
電話：+ 6012 - 518 - 8383
信箱：sethteahouse@gmail.com
地址：33, Jalan Foo Yet Kai, 30300 Ipoh, Perak, Malasia.

回到心靈的故鄉——賽斯村工作坊

許醫師工作坊

在賽斯村，每月第三個星期六、日，由許醫師帶領的工作坊及公益講座，所有學員不斷的向內探索自己，找到內在的力量，面對及穿越生命的恐懼、困難與疾病，重新邁向喜悅、幸福、健康的生命旅程。

療癒靜心營

賽斯村精心安排的療癒靜心營，主要目的是將賽斯資料落實在生活裡，由痊癒的癌友分享他們療癒的經驗，並藉由心靈探索、團體分享等各種課程，以及不同的生活體驗，來協助每位學員或癌友成長、轉化及療癒。

賽斯村是一個靜心的好地方，尚有其他許多老師的課程可提供大家學習。歡迎大家前來出差、旅遊、學習、考察兼玩耍，一起回到心靈的故鄉。

賽斯村
•鳳凰山莊•

地址：花蓮縣鳳林鎮鳳凰路300號
電話：03-8764797
所有課程詳見賽斯村網站：www.seth.org.tw/sethvillage

心靈的殿堂　賽斯學院
需要您慷慨解囊　一起播下愛的種子

賽斯鼓勵每一個人都應該去建立內在的「心靈城市」…

賽斯村就是賽斯家族內在的「心靈城市」，就是心中的桃花源，就是我們心靈的故鄉。

在這裡沒有批判，沒有競爭，沒有比較，充滿智慧，每個生病的人來到這裡就能得以療癒，每個失去快樂的人來到這裡就能重獲喜悅，每個生命困頓的人來到這裡就能找到內在的力量，重新創造健康、富足、喜悅、平安的生命品質。

「賽斯村-賽斯學院」由蔡百祐先生捐贈，從心中藍圖到落實為一磚一瓦的具體建築，民國103年第一期工程「魯柏館」及「約瑟館」終於竣工；在這段篳路藍縷的興建過程中，非常感謝長久以來各方的贊助與支持，「賽斯學院的建設計畫」才能順利進行。

第二期工程「賽斯大講堂」即將動工，預估工程款約三仟萬，期盼您的持續贊助與支持~~竭誠感謝您的捐款，將能幫助更多身心困頓的人找回生命的力量！

服務項目

◎住宿 ◎露營 ◎簡餐 ◎下午茶 ◎身心靈整體健康觀講座 ◎身心靈成長工作坊
◎賽斯資料課程及讀書會 ◎個別心靈對話 ◎全球視訊課程連線
◎企業團體教育訓練 ◎社會服務

捐款方式

一、匯款帳號：006-03-500435-0　　銀行：國泰世華銀行 台中分行
　　戶名：財團法人新時代賽斯教育基金會

二、凡捐款三仟元以上，即贈送「賽斯家族會員卡」一張，以茲感謝。
（持賽斯家族卡至賽斯村住宿及在基金會各分處購買書籍書、ＣＤ皆享有優惠）

地址：花蓮縣鳳林鎮鳳凰路300號　　電話：(03)8764-797
http：//www.seth.org.tw/sethvillage　　Mail：sethvillage@seth.org.tw

Seth
遇見賽斯 改變一生

財團法人新時代賽斯教育基金會

www.seth.org.tw

宗旨

基金會以公益社會服務為主，於民國九十七年三月正式成立。本著董事長許添盛醫師多年來推廣身心靈理念：肯定生命、珍惜環境、促進社會邁向心靈普遍開啟與提昇的新時代精神，協助大眾認知心靈力量對於健康的重要性，引導社會大眾提升自癒力，改善生命品質，增益家庭與人際關係，進而創造快樂、有活力的社會。

理念

身心靈的平衡，是創造健康喜悅的關鍵；思想的力量，決定人生的方向。所以基金會推展理念，在健康上強調三大定律，啟發大眾信任身體自我療癒的力量；在教育方面，側重新時代生命教育觀念的建立，激發生命潛力，尊重每個人的獨特性，發現自我價值，創造喜悅健康的人生。更進一步建設賽斯身心靈療癒社區，一個落實人間的心靈故鄉。

服務項目

身心靈整體健康公益講座、賽斯資料課程及讀書會、全球視訊課程連線及電子媒體公益閱聽、個別心靈對話及心靈專線、心靈成長團體及工作坊、癌友/精神疾患與家屬等支持團體、企業團體教育訓練規劃及社會服務

1. 若您願意提供我們實質的贊助，歡迎捐款至基金會：
   捐款帳號：006-03-500490-2　國泰世華銀行——台中分行
   郵政劃撥帳號：22661624
2. 加入「賽斯家族會員」：凡捐款達三千元或以上，即贈「賽斯家族卡」一張，持卡享有課程及出版品…等優惠，歡迎洽詢總分會。

基金會據點

台中總會：台中市北區崇德路一段631號A棟10樓之1 (04)2236-4612
台北辦事處：台北市中山區長安東路二段49號6樓 (02)2542-0855
新北辦事處：新北市新莊區思源路173號12樓 (02)2679-1780
新竹辦事處：新竹縣竹北市光明六路東二段218號 (03)659-0339
嘉義辦事處：嘉義市吳鳳北路381號4樓 (05)2754-886
台南辦事處：台南市中西區開山路245號10樓 (06)2134-563
高雄辦事處：高雄市前金區中山二路507號4樓 (07)5509-312
屏東辦事處：屏東市廣東路120巷2號 (08)7212-028
賽斯村：花蓮縣鳳林鎮鳳凰路300號 (03)8764-797

心靈魔法學校 -賽斯教育中心啟建計劃

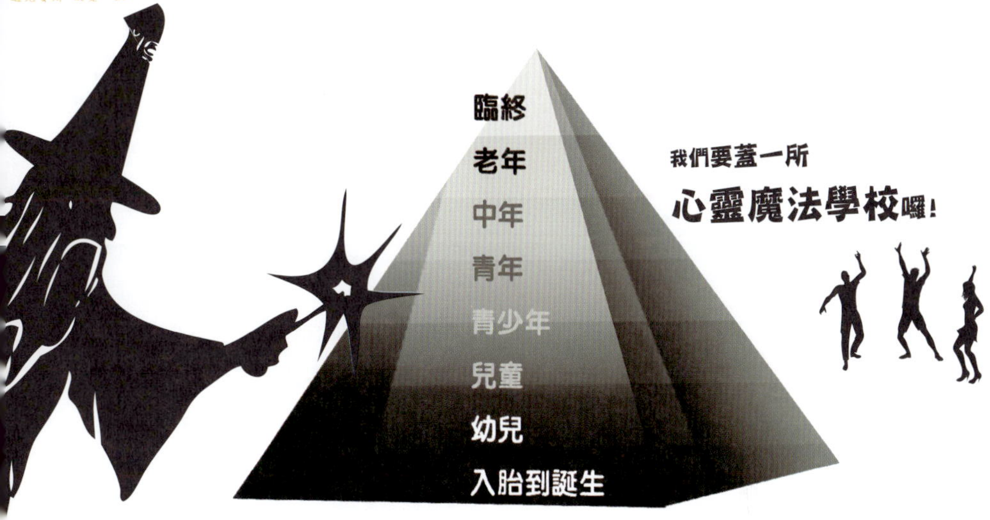

每個人都有不可思議的心靈力量，無分性別與年紀。啟動心靈力量，可以幫助人們自幼及長，發揮潛能，實現個人價值，提升生命品質，明白我們都是來地球出差、旅遊、學習、考察兼玩耍的實習神明！

理想

賽斯心靈魔法學校，是基金會實踐心靈教育的具體呈現，整合十幾年來推廣賽斯心法的經驗，精心設計一套完整的人生學習計畫，從入胎、誕生至臨終，象徵人類意識提升的過程。讓賽斯引領每一個人回到心靈的故鄉。

現址

只要每個人一點點的心力，就能共同創造培育『心靈』與『物質』同時豐盛的魔法學校。

第一期建設經費預估四千萬，懇請支持贊助。

賽斯教育中心預定地，設置在台中潭子區，佔地167坪

弘文中學旁邊(中山路三段275巷)

共同創造

賽斯教育中心啟建計畫　贊助專戶

戶名：財團法人新時代賽斯教育基金會

銀行：國泰世華銀行-台中分行(013)

帳號：006-03-500490-2

SethTV 賽斯公益網路電視台 www.SethTV.org.tw

這是一個24小時無國界的學習與成長，連結網路科技，傳播心靈無限祝福的能量！

2016年7月1日開放了

賽斯公益網路電視台SethTV播映許添盛醫師及賽斯家族推廣的賽斯心法，提供全人類另一種"認識自己"及"認識世界"的新觀點。

打開視野，擴展生命本自具足的愛、智慧、慈悲、創造力與潛能！

邀請您成為賽斯公益網路電視台的「守護者」

共同為人類意識的擴展，美好的未來盡一份心力。

您可以選擇：

1 每月定時贊助

2 自由樂捐

3 成為贊助發起人

每月一百元不嫌少，讓我們匯聚個人的力量，成為轉動世界的能量！！

贊助方式

SethTV專戶

戶名 財團法人新時代賽斯教育基金會

銀行代號 013

國泰世華銀行 台中分行

帳號：006-03-500493-7

現場捐款

(請洽各辦事處)

線上捐款

任何需要進一步說明，請洽 SethTV Email:sethtv@seth.org.tw Tel:02-2855-9060

社團法人台灣身心靈全人健康醫學學會 *NPO Taiwan Society Of Holistic Medicine*

秉持著推廣身心靈三者合一的新時代賽斯思想健康觀念
培訓具身心靈全人健康思維之醫療人員與全人健康管理師
提升國人身心靈整體醫療照護，創造健康富足的新人生

期望您加入TSHM會員給予實質支持

一、醫護會員：年滿二十歲以上贊同本會宗旨之醫事人員或相關學術研究人員。
二、團體會員：贊同本會宗旨之公私立醫療機構或團體。
三、贊助會員：贊同本會宗旨之個人。
四、學生會員：贊同本會宗旨之大專以上相關科系所之在學學生。
五、認同會員：認同本會宗旨之個人。

感謝您的贊助，讓TSHM推廣得更深更遠
本會捐款專戶：
銀　行：玉山銀行（北新分行）ATM代號：808
帳　號：0901-940-008053
戶　名：社團法人台灣身心靈全人健康醫學學會

服務電話：(02)2219-3379
上班時間：每週一至週五上午10:00至下午6:00
地　　址：231新北市新店區中央七街26號四樓

心情。筆記

Note

心情。筆記

Note

心情。筆記

Note

心情。筆記

Note

心情。筆記

Note

心情。筆記

Note

國家圖書館出版品預行編目（CIP）資料

魔法師養成手冊：接上內在靈性及智慧，你就能心想事成/王怡仁著. -- 初版. -- 新北市 : 賽斯文化事業有限公司, 2024.09
面； 公分. -- (王怡仁作品 ; 20)

ISBN 978-626-7332-77-1 (平裝)

1.CST: 巫術　　2.CST: 超心理學

295　　113011484

每天的生活，都是靈魂的精心創造

You create your own reality.

每天的生活，都是靈魂的精心創造

You create your own reality.